생각으로 운명을 바꾸고
실력으로 기회를 만드는
세상이 이제 시작됩니다.


_____ 님께

# 콘텐츠로 세상을 지배하라

2013년 5월 28일 초판 1쇄 발행 | 2013년 6월 20일 4쇄 발행
지은이 · 전진국

펴낸이 · 박시형
책임편집 · 김범수 | 디자인 · 김애숙

경영총괄 · 이준혁
마케팅 · 장건태, 권금숙, 김석원, 김명래, 탁수정
경영지원 · 김상현, 이연정, 이윤하 | 해외 저작권 관리 · 정혜리
펴낸곳 · (주)쌤앤파커스 | 출판신고 · 2006년 9월 25일 제313-2006-000210호
주소 · 경기도 파주시 회동길 174 파주출판도시
전화 · 031-960-4800 | 팩스 · 031-960-4806 | 이메일 · info@smpk.kr

ⓒ 전진국 (저작권자와 맺은 특약에 따라 검인을 생략합니다)
ISBN 978-89-6570-129-3 (03320)

쌤앤파커스(Sam&Parkers)는 독자 여러분의 책에 관한 아이디어와 원고 투고를 설레는 마음으로 기다리고 있습니다. 책으로 엮기를 원하는 아이디어가 있으신 분은 이메일 book@smpk.kr로 간단한 개요와 취지, 연락처 등을 보내주세요. 머뭇거리지 말고 문을 두드리세요. 길이 열립니다.

# 콘텐츠로

전진국 지음

세상을

# 지배하라

쌤앤파커스

생각이 세상을 지배한다는 말을 실감케 하는 책이다. 생각을 완성해나
가는 과정을 다섯 단계로 나누어 상세히 설명하였기에 매우 실용적일뿐
더러, 사례가 매우 흥미진진하다. 엔터테인먼트 분야뿐 아니라, 비즈니
스를 하는 사람, 나아가 생각하는 법을 익히고 싶은 사람이라면 꼭 읽어
야 할 책으로 강력히 권한다.

**홍성태**, 한양대 경영대학 교수, 〈모든 비즈니스는 브랜딩이다〉 저자

이 책을 통해 성공하는 사람에겐 '혼·창·통'이란 공통점이 있다는 사실
을 다시 한 번 절감하게 된다. 전진국에게 '혼'은 '완벽에 도전해야 미약
한 흔적이라도 남길 수 있다'는 각오이고, '창'은 '매번 대중의 예측 가능
함과 전투를 벌이는' 현장 정신이고, '통'은 '생각의 충돌이 오히려 탁월
한 콘텐츠의 원동력'이라고 믿는 열린 마음이다.

**이지훈**, 〈조선일보〉 '위클리비즈' 편집장, 〈혼창통〉 저자

이 책을 읽어나가면서 매순간 감동과 놀라움을 느꼈다. 이제껏 엔터테인
먼트 현장을 비즈니스적 관점에서 이만큼이나 체계적으로 해석한 책은
없었다. 이 책을 알게 된 것은 내 인생에서 매우 특별한 경험이다.

**유재석**, 방송인

제대로 된 판에서 신명 나게 놀 준비가 된 모든 사람에게 이 책을 추천한다. 저자의 주장대로 판은 플랫폼이고, 놀이가 콘텐츠다. 이 책을 통해 놀이와 판, 콘텐츠와 플랫폼은 이제 하나가 된다. **싸이, 뮤지션**

우리는 예전부터 K팝에 의한 새로운 플랫폼과 콘텐츠를 꿈꾸었다. 한 사람의 꿈은 몽상에 그칠지 모르지만, 여러 사람이 같은 방향으로 함께 꾸었던 꿈은 이제 현실로 가시화되고 있다. 이 책은 단연코 그 첫 번째 증거가 될 것이다. **이수만, SM엔터테인먼트 대표 프로듀서**

이 책은 콘텐츠 플랫폼 세상을 연주하는 한 편의 장중한 오케스트라다. 책에 실린 단어 하나조차 음률이 되어 심장을 춤추게 만든다. 우리가 원하는 비즈니스가 바로 이것이다. **양현석, YG엔터테인먼트 대표 프로듀서**

콘텐츠와 플랫폼에 대한 치밀하고도 냉철한 분석이 담겨 있다. 저자의 단단한 노하우와 따뜻한 인생철학이 담긴 이 책은 콘텐츠 분야에 관심 있는 대중의 모든 궁금증을 해결해줄 것이다.

**박진영, JYP엔터테인먼트 대표 프로듀서**

휴지 조각에서 천 억짜리로,
콘텐츠는 어떻게 비즈니스가 되는가?

# 누가 생각을
# 지휘하는가?

우리는 모두 각자의 현장에서 사활을 걸고 비즈니스 전투에 뛰어든 고독한 투사다. CEO는 경영자라는 명찰을 달고 비즈니스에 참여하고, 사원은 현장에서 고된 전투를 벌인다. 나의 삶도 마찬가지였다. 나는 수많은 콘텐츠를 제작하기 위해 28년 동안 크고 작은 전투에 참전했다. 그 지난함과 치열함의 과정에서 때로는 아픔도 겪었지만, 돌이켜 보면 그 시간은 희열과 쾌감의 연속이었다. 반복된 실패는 오히려 통찰의 계기가 되어 나를 성장시켰고, 작은 성공은 난제를 해결했을 때 비로소 맛볼 수 있는 희열로 다가왔다. 지독하리만치 고독한 나날이었지만 단 한순간도 후회는 없었다. 우리가 참전한 비즈니스 현장은 치열한 격전지임에 분명하지만, 성공과 실패라는 잣대만으로는 결코 평가할 수 없는 인생의 가장 찬란한 무대다.

비즈니스라는 무대가 찬란한 이유는 누구든 각자의 생각을 지휘할 수 있기 때문이다. 형상화되지 않은 생각은 몽상夢想에 불과하다. 아이디어 단계에서 마감되어버린 생각은 가치가 없다. 이를 실제로 구현할 수 있는 지휘 과정이 중요하다. 비즈니스는 생각을 지휘하여 대중 앞에 재현해 보이는 모든 과정을 일컫는다. 생각해보라. 우리가 꿈꾸었던 단상을 콘텐츠로 구성해냈을 때 밀려올 그 짜릿함을. 세계적인 대문호 레프 톨스토이Lev Nikolayevich Tolstoy도 한낮의 무료함 속에서 만난 한 여인의 짧은 환영과 그에 대한 단편적 생각에서 출발해 세계적 명작 《안나 카레니나Anna Karenina》를 써냈다.[1] 생각을 구상 단계에서 멈추지 않고, 확장하여 만든 것이 콘텐츠다. 모든 생각은 콘텐츠가 되는 순간에 완성된다. 그리고 그 과정을 지휘하는 일이 바로 비즈니스다. 그래서 20세기 최고의 경영학자 피터 드러커Peter Ferdinand Drucker도 "경영자는 지휘자이자 작곡가가 돼야 한다."라고 말하지 않았던가. 또 다른 경영의 대가 헨리 민츠버그Henry Mintzberg는 이에 덧붙여 "경영자는 연주하다 멈추고, 또 연주를 반복하는 시행착오로 발전하는 '오케스트라 리허설'의 지휘자다."라고 천명했다.[2]

## 누가 생각을 지휘하는가

내가 접한 생각의 지휘자들은 모두 콘텐츠 플랫포머Contents Platfomer였다. 그들은 콘텐츠와 플랫폼을 별개의 영역으로 분리하지 않았다. 최고의 콘텐츠와 최적의 플랫폼은 하나의 원리로 작동된다고 믿고 있었다. 그들은 최고의 콘텐츠를 만들어내는 지휘자인 동시에, 이를 어떤 플랫폼에 장착할 것인지 전략적으로 고민하는 마에스트로maestro다.

마찬가지로 내가 얻은 통찰에 따른다면 모든 비즈니스는 하나의 원리로 작동되고 있었다. 생각의 기준은 동일했다. 제조업, 첨단산업, 엔터테인먼트 등 장르별로 비즈니스가 운영되는 원리들을 살펴보니 표현 방식에 따른 세부적인 차이는 있을지언정, 뿌리만큼은 하나로 연결되어 있었다. 이런 통찰을 얻음과 거의 동시에, 나는 수많은 경영 대가들의 통찰과 혜안을 엔터테인먼트 비즈니스에 접목하고픈 욕망에 사로잡혔다. 조지메이슨 대학 타일러 코웬Tyler Cowen 교수의 "엔터테인먼트, 영화, 디자인 등 창의력이 필요한 문화적인 영역에서 한국은 짧은 시일에 아시아의 리더로 부상했다."라는 말처럼 한국 엔터테인먼트 산업은 단기간에 엄청난 성장을 해왔지만, 그동안 이를 비즈니스의 시각으로 해석하는 사람은 전무하다시피 했다.³ 그래서 나는 장르의 구분 없이 엔터테인먼트 영역에서 생각을 지휘하고, 콘텐츠 플랫폼을 만들어내고 있는 현장의 주인공들을 찾아내려는 시도를 해보고픈 욕심에 사로잡혔다.

엔터테인먼트의 가장 큰 장점은 흥미롭다는 것이다. 딱딱하고 어려운 경영 이론들도 엔터테인먼트의 관점으로 보면 매우 흥미진진하게 느껴질 수 있다. 그래서 나는 경제·경영 대가들의 통찰과 혜안을 범주로 묶고 쪼개는 과정을 거친 후, 엔터테인먼트 비즈니스에 대입해보았다. 그랬더니 빈틈 하나 없이 딱 맞아떨어지는 게 아닌가. 더욱이 또 다른 선물이 내게 다가왔다. 비즈니스에 작동되는 생각의 기준을 증명하자 다가온 기적이었다. 그건 바로 모든 비즈니스가 다섯 단계의 경로를 통해 이뤄진다는 커다란 통찰이다!(이 부분은 인트로에서 보다 심층적으로 다루겠다.)

### 생각을 지휘하는 과정은 다섯 경로로 구분된다

이 책은 다섯 경로의 창조적 활동을 집중적으로 다룬다. 나는 각 단계에 '트랙track'이라는 명칭을 달았다. 음악을 즐겨 듣는 사람들은 잘 알겠지만 트랙은 앨범에 수록한 '하나의 곡'을 의미한다. 생각을 지휘하는 과정은 여러 편의 음악을 연이어 듣듯 자연스럽게 흘러간다는 점에서 각 단계의 명칭을 트랙으로 표현했다.

이 작업을 위해 나는 소중한 동료들을 비롯하여 콘텐츠와 플랫폼 업계에서 창조적 활동을 펼치는 많은 사람들의 고민과 걱정을 하나하나 조사해나갔다. 각 단계별로 제기된 수많은 고민을 분석하고, 대가들의 지혜를 해석하여 어젠다agenda와 함께 정리했다. 다만 각 챕터의 호흡은 짧게 조절하였다. 독자들과 더 많은 지혜를 빠른 호흡으로 교감하고 싶다는 의도 때문이다. 단언하건대, 이 책은 나의 주관적인 생각과 기준을 전하는 책이 결코 아니다. 나는 비즈니스 장르에 관계없이 세상에 존재하는 수많은 콘텐츠 플랫포머들을 향한 범인凡人의 오마주hommage를 표현하고 싶었다.

다섯 트랙을 지나고 나면 숨겨진 이야기가 한 편 등장한다. 이른바 히든 트랙hidden track이다. 앨범에서 맨 뒤에 수록된 숨겨진 곡을 히든 트랙이라 부른다. 이 책의 히든 트랙에 수록된 콘텐츠는 지난 3년 동안 나와 동료들이 진행했던 〈K팝 월드투어〉의 소중한 기록을 스토리텔링으로 옮겨본 것이다. 이는 스토리텔링의 대가 로버트 맥기Robert McKee 교수가 전해준 교훈을 적용한 작은 실험이라 할 수 있다. 다음은 그가 〈하버드 비즈니스 리뷰Harvard Business Review〉의 편집장 브론윈 프라이어 Bronwyn Fryer에게 전해준 '설득'의 해법이다.[4]

"경영진이 파워포인트 슬라이드를 과감히 치우는 대신 좋은 스토리로 말한다면 완전히 새로운 차원에서 청중을 장악할 수 있다."

히든 트랙은 콘텐츠 플랫폼 업계에서 밝혀진 수많은 지혜와 통찰들을 스토리텔링으로 풀어본 한 편의 드라마다. 여기서 나는 오랜 시간 동안 콘텐츠와 플랫폼을 제작하면서 감추고, 숨겨왔던 속마음을 공개했다. 이야기는 인생 1막의 마무리 시점에 선 나의 삶에도 아직 꿈이라는 생명체가 살아 있느냐는 질문에서 시작된다. 궁금하다면 히든 트랙을 먼저 읽어도 무방하다. 원래 비밀스러운 것이 더 매력적인 법 아니겠는가?

이 책에서 한국 가요를 'K팝'으로 통칭한 데는 이유가 있다. 언어학적으로는 'K-POP'이나 '케이팝'과 같이 영어나 한글로만 구성된 일괄적 표현이 맞겠으나, '한국에서 만든 음악 콘텐츠 플랫폼'임을 상징적으로 드러내고자 K팝이라는 표기로 사용했다. 아울러 'K클래식', 'K필름', 'K뮤지컬', 'K버라이어티', 'K푸드' 등과 같은 또 다른 한류 콘텐츠 플랫폼이 생겨났으면 하는 바람도 담았다. 내가 정말로 원하는 건 'K엔터테인먼트'다. 이렇듯 나는 생각의 기원으로 만들어진 우리의 모든 콘텐츠가 하나의 '권력'을 형성하길 꿈꾼다. 권력이란 단어를 사용한 점에 오해하지 않았으면 한다. 여기서 정의하는 권력은 힘으로 타인을 굴복시키겠다는 부정적 의미가 아니다. 나는 콘텐츠 자체가 대중에게 공인받고 그 능력을 인정받는다면, 그것은 더 나은 사회로 세상을 변화시키는 하나의 힘이 될 수 있다고 믿는다. 세상을 진화시킬 수 있는 긍정적인 힘의 개념으로 나는 권력이란 단어를 떠올린 것이다.

### 마지막으로 나는 다시 한 번 스스로에게 질문한다

누가 생각을 지휘하는가? 내가 내린 또 다른 결론은 지금 이 책을 손에 쥔 당신이다. 서점이라는 플랫폼 영역에서 스스로의 판단으로 한 권의 책을 선택하여 생각을 지휘하고 있는 당신이 진정한 비즈니스의 승자다.

---

**책을 읽기 전에**

1. 영화나 드라마, 예능 프로그램 명칭은 〈　〉로 표현한다. 예능 프로그램 중 코너명은 ' '로 표기한다. 뮤지션은 아무런 표기 없이 기입하고, 노래명은 ' '로 표기한다. 도서는 《　》로 표기한다.
2. 다음의 표현들은 아래와 같이 축약한다.
   KBS 방송국 혹은 TV → KBS　　　MBC 방송국 혹은 TV → MBC　　　SBS 방송국 혹은 TV → SBS
   SM엔터테인먼트 → SM　　　YG엔터테인먼트 → YG　　　JYP엔터테인먼트 → JYP
3. 이 책에 실린 모든 사진은 KBS 방송국 홍보실의 동의하에 사용되었다.

첫 번째 트랙  의외성을 포착하다  경험화 Experience

# 생각의 기준,
# WIDE-FIT-WIDE

콘텐츠가 중요한지 플랫폼이 더 중요한지를 놓고 벌어지는 논쟁은 이제 시대착오적이다.

　최근 영역별로 콘텐츠와 플랫폼의 양과 질이 상대적으로 차이 나는 일이 발견된다. 먼저 K팝을 살펴보자. JYP의 대표인 박진영은 한 인터뷰에서 "대중이 원하는 고품질의 콘텐츠는 한정되어 있는데 그 콘텐츠를 공급하는 플랫폼이 셀 수 없이 늘어났다."고 밝혔다.[1] K팝에서는 콘텐츠의 수가 플랫폼에 비해 극히 부족하다는 주장이다. 반면에 영화라는 콘텐츠는 넘쳐나는데, 이를 수용할 플랫폼인 극장 스크린 수가 충분치 못하다. 그래서 김기덕 감독이 블록버스터 영화에 치여 독립 영화를 상영할 극장이 부족하다고 공개적으로 탄원하기도 했다. 출판 시장은 이와 또 다르다. 매일같이 수많은 콘텐츠가 쏟아져 나오지만 서점의 수도 그렇고, 플랫폼도 한정되어 있다. 방송계는 K팝처럼 콘텐츠가 부족한 상태다. 케이블 채널의 확산과 종합편성 채널의 등장으로 플랫폼은 증가됐지만 콘텐츠의 수는 턱없이 부족하다.

이는 경영계도 마찬가지다. 콘텐츠 업계에서는 플랫폼의 부족을 한탄하고, 플랫폼을 담당하는 조직에서는 마땅한 콘텐츠가 없다고 주장한다. 그래서 다수의 회원을 거느린 혁신적 플랫폼 카카오톡은 애니팡 같은 다양한 킬러 콘텐츠를 끊임없이 양산해내려 하고 있다. 세계 최대의 하드웨어 업체인 삼성전자 역시 최근 콘텐츠 플랫폼 기업으로의 변신을 선언했다. 콘텐츠와 플랫폼의 불일치가 만연한 시대를 어떻게든 정면 돌파하겠다는 다짐이라 할 수 있다.


싸이 현상은 K팝의 진화에서 탄생한 플랫폼 덕분

해답은 있을까? 21세기 들어 일각에서는 콘텐츠의 글로벌화가 해답을 줄 수 있다고 주장했다. 그리고 일정 정도 성공을 거둔 것이 사실이다. 대표적인 콘텐츠로 거론되는 것이 싸이의 '강남스타일'을 거론한다.

'강남스타일'은 2012년 9월 셋째 주에 빌보드차트 64위에 오르더니, 그 다음 주에는 결국 2위까지 기록했다. 하지만 싸이가 처음부터 콘텐츠의 글로벌화를 추진한 것은 아니다. 그는 단지 대중을 만족시킬 콘텐츠와 자기만의 음악 장르인 플랫폼(나는 이를 '싸이스타일'이라고 칭한다)을 확실하게 제작했을 뿐이다. 이에 대한민국 대중이 가장 먼저 열광했고, K팝이라는 플랫폼(물론 이 부분에서 유튜브라는 동영상 플랫폼의 역할도 중요하다)이 그와 그의 콘텐츠를 세계로 확산시켰다. 혹자는 아이돌 중심의 K팝으로부터 싸이를 분리시키려고 하는데, 이는 바른 분석이 아니다. 싸이 현상은 K팝의 진화에서 비롯된 플랫폼의 결과물이다. 원래 진화는 확장된 결과를 가져온다. 일단 '강남스타일'의 스태프들은 대부분 K팝을 제작하던 아이돌 출신이다. 제작자인 양현석은 서태지와 아이들, 작곡가인 유건형은 '날개'라는 곡으로 유명한 아이돌 그룹 언타이틀 출신이고, 안무가도 기존까지 G.O.D와 구피 등의 무대를 책임진 이주선이다. 더욱이 '강남스타일'은 전형적인 후크 송(hook song, 짧은 후렴구에 반복되는 가사로 이어지는 음악)인데, 이는 K팝 가수들이 발전시킨 장르다. 대표적인 콘텐츠가 원더걸스의 '텔미'와 소녀시대의 '지'다. 그래서 싸이의 음악은 K팝이라는 플랫폼의 새로운 확장이라고도 볼 수 있다. 이처럼 플랫폼이 견고하면 콘텐츠의 성공을 거둘 수 있는 법이다.

반대로 콘텐츠로 인해 새로운 플랫폼이 형성되기도 한다. 《아프니까 청춘이다》라는 도서 콘텐츠가 성공하자 청춘에 관련된 장르, 즉 플랫폼이 형성되었듯이 말이다. 글로벌화는 차후의 문제다. 일단 콘텐츠와 플랫폼을 조합하여 강력한 내·외공을 갖춰야 한다. 그렇다면 정말로 중요한 건 콘텐츠와 플랫폼을 한 바구니 안에서 사고할 수 있느냐는 점이다. 그러려면 우리가 먼저 콘텐츠 플랫포머로 진화해야 한다.

휴지 조각이거나 천 억짜리거나

제대로 노는 놈이 판도 만들고, 판을 만드는 놈이 놀기도 잘 논다.

플랫폼은 '판'에 해당되고, 콘텐츠는 '놀이'에 비유된다. 각자의 판에서 제대로 즐기면서 노는 사람이 바로 콘텐츠 플랫포머다. 따라서 앞서 언급한 싸이를 비롯한 K팝의 주인공들도 콘텐츠 플랫포머에 해당한다. 모두가 추앙하는 스티브 잡스도 당연히 콘텐츠 플랫포머다. 그는 아이팟, 아이폰이라는 콘텐츠를 창조했고, 아이튠즈와 스마트폰이라는 플랫폼을 제작하고 확장시켰기 때문이다. 문제는 어떻게 하면 판을 잘 만들고, 제대로 즐길 수 있느냐는 점이다. 선언은 쉽지만 행동은 어렵다.

김현석 감독이 연출하고 김주혁과 이요원, 봉태규 등이 출연한 〈광식이 동생 광태〉라는 영화를 보면 "정말 인연이면… 절대자가 무슨 신호를 보내줬으면 좋겠어."라는 대사가 나온다. 외로운 노총각이 천생연분을 기다리며 절절한 심정으로 내뱉은 대사다. 이 사람이 내 사람이라고 하늘에서 신호를 내려준다면 좋을 텐데, 운명이란 아무런 예고 없이 찾아오는 법이다. 그래서 스쳐 지나간 저 여자가 내 인연이 아닐까 돌아보고, 지금 만나는 연인이 만약 운명이 아니라면 또다시 인생을 공치는 게 아닐지 번민한다. 노총각은 이토록 잡념이 많은 존재다.

그런데 우리를 돌아보자. 우리들의 삶도 독수공방, 홀로 밤을 지새우는 노총각의 심정과 다를 바 없다. 지금 내가 휴지통에 던져버린 저 기획안이 '대박 아이템'일지 몰라 전전긍긍하고, 생각은 많은데 명확한 콘셉트로 표현하기는 어렵고, 어젯밤 "이거야!"라고 외치며 탄복했던 아이디어를 오늘 다시 보니 손발만 오글거리고, 하늘 아래 새로운 생각은 전혀 없고, 막상 필요한 문제의 해답은 깜깜하고. 그래서 요즘 친구들 표현처럼, 심장은 쫄깃쫄깃해지고 간은 콩알만 해지는 삶이 우리의 일상이다. 하루에도 몇 번씩 지금 내가 떠올린 생각이 대박인지 쪽박인지 하늘에서 신호라도 내려주면 좋겠다며 소원을 빌지만, 대답은 그저 요원하기만 할 뿐이다.

콘텐츠를 분석하다 보면 당황스러운 상황에 직면할 때가 많다. 매우 뛰어난 아이디어임에도 대중들이 인색한 평가를 내릴 때도, 별다른 점이 없는 콘텐츠에 환호하는 상황도 빈번하기 때문이다. 영화 역사상 최고의 걸작이라 불리는 오손 웰즈Orson Welles의 〈시민케인Citizen Kane〉은 흥행에 참패했고, 이로 인해 감독은 재기조차 어려워졌다. 물론 다른 분야도 마찬가지다. 2000년대 초반 음원 플레이어 시장을 분석하다 보면, MD 플레이어는 성능이 우수했으면서도 결국 MP3와의 경쟁에서 패하며 흔적조차 없이 사라져버리고 말았다. 분명한 것은, 콘텐츠 비즈니스가 '모' 아니면 '도'인 시장에서 운영된다는 사실이다. 휴지 조각과 천 억짜리의 격차는 극명한 결과로 표현된다. 제조업은 반응이 좋지 않을 경우 이른바 '땡처리'라는 재고처리라도 할 수 있겠지만, 콘텐츠 영역은 그것마저 불가능하다.

그래서 다들(이쪽 업계에서는 더욱더) '운칠기삼運七技三'이라는 표현을 사용한다. 대박은 '운'에 의한 것이지 '기'에 의한 게 아니라고. 아무리 능력이 뛰어나도 하늘의 운이 뒷받침되지 않으면 성공의 길은 '뻥' 뚫린 고속도로가 아니라 한 치 앞이 보이지 않는 정글이라고 말이다. 지당한 말이다. 하지만 주어진 운을 거역하고 기로써 역전을 만들어내는 게 우리의 숙명은 아닐까? 운삼기칠運三技七 정도까지는 만들어줘야 하지 않을까. 더 이상 하늘의 신호만 기다리는 일은 그만둬야 하지 않겠는가. 어떻게든 실력으로 승부를 봐야 한다는 소리다.

생각을 지휘하는 다섯 단계의 경로

한때 세계의 저명한 디자이너들이 구체화한 아이디어 컨설팅 단계가 유행한 적이 있다. 대표적인 것이 팀 브라운(Tim Brown, 미국 디자인 전문업체 아이디오IDEO의 CEO)이 제시한 '관찰 → 브레인스토밍 → 프로토타입(prototype, 시험용 모델 만들기) → 정선(최종 후보 추려내기) → 실행'의 다섯 단계다.[2]

디자인적 사고의 개념이나 새로운 발상을 원하는 사람들에게는 이 방법이 도움을 줄 수 있을 것이다. 나도 디자인 컨설팅 단계를 업무에 도입해보기 위해 다양한 시도를 해보고, 자문도 구했다. 하지만 몸에 맞지 않는 옷을 입은 것마냥 어색한 느낌만 들었다. 도대체 뭐가 문제일까 고민하다가 나름의 결론을 내렸다.

우선 기존 디자이너들의 컨설팅 단계는 생각에서 아이디어까지, 전반적으로 '발상'에 주목하는 경향이 많았다. 하지만 비즈니스에서는 생각에서 아이디어까지의 과정보다 실행에서 보완의 과정이 더 중요하다. 아무리 아이디어가 좋다고 해도 어떻게 실행하고, 이후 보완 과정에서 무엇을 하느냐에 따라 최초의 생각에 대한 평가가 달라질 수 있기 때문이다. 생각에서 실행, 보완 그리고 타인에게 관철시키는 전 과정을 정리해보면 다음과 같다.

| 경험화 Experience | 체계화 Organize | 제작화 Produce | 편집화 Edit | 진화화 Evolve |
| --- | --- | --- | --- | --- |

첫 번째 트랙의 '경험화'는 생각의 모든 과정을 담는다. 생각을 하기 위해서는 관찰, 경청, 독서 등 다양한 경험을 수반해야 한다. 모든 경험이 생각의 재료가 될 수 있음을 상기해두자. 아울러 경험에는 클래스가 없지만 생각에는 클래스가 있음을 인지하자.

두 번째 트랙의 '체계화'는 생각이 아이디어로 발전하는 과정이다. 우리의 모든 일이 생각에서 출발하는 것은 사실이다. 하지만 생각에서만 끝나면 콘텐츠는 물론이요 플랫폼도 될 수 없다. 생각이란 광의의 개념이다. 아이디어와 다르다. 수많은 생각 중에서 해당 가치에 부합되는 생각만이 아이디어로 승화될 수 있다. 우리의 첫 번째 능력은 생각을 잘하는 것도 있겠지만, 그런 생각들을 아이디어로 건져 올리는 것이다. 기억하라. 모든 생각이 아이디어가 아님을.

세 번째 트랙의 '제작화'는 실행을 말한다. 콘텐츠와 플랫폼의 성패는 현장에서 결정된다. 책상 위에서 얻은 아이디어보다 현장에서 얻은 아이디어가 백배는 더 유익함을 잊지 말자.

네 번째 트랙의 '편집화'는 현장에서 만들어낸 콘텐츠를 어떻게 꾸밀 것인지 살펴보는 과정이다. 자신의 연출 방향에 맞도록 콘텐츠와 플랫폼을 재조합하고 구성하는 힘이 얼마나 중요한지는 굳이 설명할 필요가 없을 것 같다.

다섯 번째 트랙의 '진화화'는 실제 대중과 만난 콘텐츠와 플랫폼을 어떤 방식으로 추가 보완할지, 발전 방향에 대해 고민하는 순서다. 브랜딩 전문가 홍성태 교수(한양대 경영대학)는 '브랜드는 단순한 제품의 명칭이 아니라 '감정을 가진 생물'처럼 끊임없이 관리해줘야 할 대상'이라고 정의했다.[3] 마찬가지로 콘텐츠와 플랫폼은 론칭launching되는 순간부터 브랜드라는 생명력을 갖게 되는데, 방치하면 죽어버리고 관리하면 활성화된다. 따라서 진화화의 과정이란 관리의 중요성과 방법을 고민하는 과정이라 할 수 있다.

왜 다섯 트랙으로 구분해야 하는가?

디자인 업계 관계자와 이야기를 나누던 중 왜 우리가 생각을 지휘하는 경로를 굳이 다섯 단계로 나눠야 하는지 의문을 가진 적이 있다. 그가 이런 말을 했기 때문이다.

"디자인 컨설팅의 다섯 단계라는 게 사실 디자이너에게는 자연스러운 일상이에요. 근데 굳이 구분할 필요가 있을까요? 구분하다 보면 오히려 생각이 경직될 위험도 있습니다."

맞는 말이다. 실제로 능숙한 행동도 구분동작으로 분할하면 경직되고, 어색해질 수 있다. 군대 이등병 시절 '각' 잡고 식사할 때를 생각해보라. 소화가 안 될 지경이 아닌가.

사실 익숙해지기만 하면 각 단계 중 일부는 생략이 가능하다. '경험화'에서 '체계화' 단계까지 순식간에 끝날 수도 있고, '제작화'의 단계가 '편집화' 과정을 아우를 수 있다. 하지만 그 정도의 능력을 갖기 위해서는 엄청난 숙련도가 필요하다. 처음부터 그런 실력을 갖추기란 어렵다. 물론 '소 뒷걸음치다 쥐 잡는 격'으로 일부 과정을 생략하고도 콘텐츠나 플랫폼을 생산해내는 경우가 있지만, 그런 신기神技는 인생을 살면서 자주 찾아오는 일이 아니다.

이 책은 신기와 우연을 지양하고 정공법을 지향한다. 그래서 생각의 지휘 과정을 다섯 단계의 구분동작으로 표현했다. 우리가 구분동작을 사용하는 이유는 익숙해지기 위해서다. 전체 동작을 확실히 터득하기 위해 부분적으로 훈련하는 것이다. 숙련된 뒤에도 구분동작에 얽매이면 사고나 행동이 경직될 수 있겠지만, 아직 익숙해지지도 않은 상태에서 경직될 우려부터 미리 하는 건 바람직하지 않다.

인트로

생각의 출입구는 넓히고 통로는 좁혀라

비즈니스 현장에 선 우리에게 가장 필요한 사고방식은 유연성이다. 모든 창조적 활동은 단순화하기가 불가능하다. 사고를 단순하게 할 수는 있지만 과정 자체는 단순하지 않다. 워낙 장시간이 소요되고 수많은 사람들과의 협력 속에 진행되는 과정이기에, 복잡 미묘한 건 어쩔 수 없는 일이다. 콘텐츠 플랫폼을 제작하다 보면, 어떤 상황에서는 시선을 확장(WIDE)해야 하고, 또 다른 순간에는 하나의 생각에 고집스러운 집중력을(FIT) 보이다가도, 이내 사고의 범위를 확대해야(WIDE) 할 경우가 많다. 각각의 상황마다 취해야 할 태도가 다르기에 유연한 사고가 필요하다. 일관된 태도로 모든 상황에 동일한 자세로 대응하는 태도는 '소 잡는 칼로 닭을 잡는 격'이다. 나는 생각의 확장과 축소를 자유자재로 조절하는 콘텐츠 플랫포머의 유연성을 상징하며, WIDE-FIT-WIDE라는 우리만의 구호를 고안해냈다. 생각의 출입구는 넓히고, 통로는 좁히라는 의미다.

국민 예능이라 불리는 〈1박2일〉의 예를 들어보자. 원래 〈1박2일〉은 〈준비됐어요〉라는 스튜디오 게임 콘셉트에서 출발했다. 강호동을 캐스팅하고 야심차게 준비했지만 호응도가 낮았다. 그래서 팀 전체가 다시 모여 머리를 쥐어짜기 시작했다. 강호동이 진행자라는 원칙에만 부합한다면 어떠한 생각이라도 가능하였다. 이 과정에서는 타깃이나 공익적 가치는 일단 무시하는 거다. 별의별 생각들이 쏟아졌고 그중에서 이명한 PD

와 이우정 작가가 내세운 '야생 버라이어티' 콘셉트가 시청자의 니즈와 맞아떨어진 것이다.

이제 생각이 아이디어 과정을 거치고 제작의 단계에 진입할 때는 핵심 타깃을 설정해야 한다. 이것이 바로 생각의 통로를 좁힌다는 의미다. 〈1박2일〉은 야생 버라이어티 프로그램이니 일단 남성 출연자들로만 채우는 것이 좋다는 의견이 모아졌다. 그렇다면 일단 남성 시청자가 핵심 타깃이다. 강호동이 30대 후반이었으니 30대 중반부터 40대 중반까지의 남성 시청자들을 대상으로 정하고 제작을 진행했다. 〈1박2일〉이 방영되는 일요일 저녁은 남성 시청자 층이 월요일 회사 출근을 앞두고 몸과 마음을 비우는 시간대다. 더욱이 당시 다른 채널에서는 여성 시청자 층에 집중하는 모습을 보였기에 승산이 있다고 판단했다. 이렇게 생각의 통로를 좁히자 현장 진행이 수월해졌다.

이제 대중에게 제작물을 선보이기 위해 편집을 하는 단계인데, 이때는 다시 타깃을 넓혀야 한다. 편집 과정과 이후의 진화 과정에서 더 많은 대중이 우리의 콘텐츠를 사랑할 수 있도록 수많은 요소를 삽입해야 한다. 출구 과정에서는 굳이 타깃을 좁힐 필요가 없다. 〈1박2일〉은 그런 이유로 지역 주민들과의 연대 과정을 담아냈다. 50대 이상의 대중들이 보더라도 흐뭇하게 미소를 지을 수 있도록 말이다. 출연자들은 평균 이하의 캐릭터로 만들었다. 대중은 자신보다 영특한 예능인들에게 매력을 느끼지 못하는 법이다. 그리고 이는 20대 이하의 시청자 층까지 배려한 방향이었다. 그리고 방영 이후 매회 시청자 층을 더 넓게 포섭하기 위한 아이템을 삽입했는데, 몇 가지 예를 들어 보자면, 감동 코드를 삽입한 '백두산 특집'과 '이주 노동자 특집', 여성 시청자와 젊은 남성 시청자들을 위한 '여배우 특집' 등이 그것이다. 이로써 〈1박2일〉의 시청자층은 더욱 넓어졌고 국민 예능으로 자리를 잡게 됐다.

생각은 고전적인 SWOT 분석(강점strength과 약점weakness, 기회opportunity와 위협threat 요인을 규정하고 이를 토대로 마케팅 전략을 수립하는 기법)과 세그먼트 마케팅(고객층의 성향에 맞게 마케팅하는 방법)에 갇혀 있으면 안 된다. 오히려 SWOT 분석을 극복해야 더 넓은 대중이 보인다. 각 과정에 따라 융통성 있게 접근하는 태도가 필요하다는 주장이다.

서론과 스포일러가 너무 길어졌다. 이제 본격적으로 생각을 지휘하는 방법에 다가가보도록 하겠다. 예능 프로그램을 시청하듯 어깨에 힘을 빼고 편안한 자세에서 대화를 나누길 바란다. 경직된 자세보다는 유연한 자세일 때 생각은 더욱 자유롭게 활보할 수 있기 때문이다.

그렇다면 이제부터 최고의 콘텐츠 플랫포머들이 비즈니스 과정에서 어떠한 방식으로 유연하게 판을 만들고 즐기고 있는지 살펴보도록 하자. 당신이 만든 판과 놀이의 과정을 천천히 복기하면서 정말 제대로 땀 흘리며 즐겨보자.

# 1 경험화
## Experience

# 의외성을 포착하다

비즈니스는 '예측 가능함과의 전투'에서 시작된다.
우리에게는 대중의 상상력을 뛰어넘는 반전의 능력이 필요하다.
그리고 그런 한 차원 높은 생각은 치열한 경험의 끝에 다가온다.

## 생각을 건져 올리다

## 현장에 집약하다

## 의도를 세우다

## 가치를 확장시키다

생각이 지배해야 한다.

– 리처드 와일드Richard Wild, 비주얼아트스쿨SVA 학장 –

경험이 재료가 되어 생각이 만들어진다. 그렇기 때문에 생각을 잘하기 위해서는 경험이 중요하다. 하지만 많은 경험이 무조건 좋은 생각을 탄생시키는 건 아니다. 좋은 생각을 하기 위해서는 경험에 의미를 부여할 수 있어야 한다.

일본의 개그맨이자, 영화 감독인 기타노 타게시는 2011년 '동일본대지진'에서 2만 명이 죽은 것이 아니라 2만 개의 사건이 동시에 일어난 것이라는 표현을 사용했다. 우리는 흔히 '몇 명이 사망했다' 혹은 '부상자가 몇 명이다'라는 식으로 사고 기사를 숫자로 읽고 쓰면서 의미를 부여하지 못하고 있지만, 내면을 들여다보면 개인마다 역사가 존재하고, 우리는 이런 개별적인 삶 하나하나에 의미를 부여해야 한다.

우리에게 경험은 그동안 살아온 역사다. 개인의 경험은 같은 사건이라도 차별적으로 그려진다. 경험은 종합적이고 평면적으로 뭉뚱그릴 수 있는 것이 아니라, 개별적이고 입체적인 삶의 세세한 과정이라 할 수 있다. 그렇기 때문에 우리는 각자의 경험에 의미를 부여하여 좋은 생각으로 탄생시켜야 한다.

가수가 되고 싶은데 휴대폰을 판매하는 비루한 시간도, 소설가를 꿈꾸

첫 번째 트랙 : 의외성을 포착하다

는데 카페를 운영하는 현실도 훗날에는 좋은 경험으로 기억에 남을 수 있다. 인생에 공친 시간이란 없고, 헛된 순간도 없다. 아주 작은 삶의 이력들이 경험으로 모여 미래의 나를 위한 생각으로 거듭난다. 폴 포츠Paul Potts는 휴대폰 판매원으로 살았던 경험을 토대로 청중의 심금을 울리는 오페라 가수가 됐다. 무라카미 하루키는 카페를 운영하며 했던 경험들을 모아 가장 독창적인 생각을 표현하는 최고의 소설가로 성공했다. 그들이 자신의 경험에 의미를 부여했기 때문이다. 그만큼 생각의 기초 공사란 경험에 의미를 부여하는 일이다.

하지만 경험은 내가 직접 겪은 일이 아니어도 가능하다. 경험은 읽을 수도 있고, 들으면서도 가능하다. 책을 통한 경험도, 타인과의 대화를 경청하면서 얻은 경험도 생각을 위한 소중한 자양분이 될 수 있다. 그 외에도 사람에게 당하고, 장난치는 등의 모든 경험은 우리의 몸과 마음에 생각으로 새겨지게 된다. '아이디어는 모든 곳에서 나온다.'는 구글 사의 모토처럼 경험에는 한계가 없다. 이런 경험에서 얻어진 생각들을 어떻게 업무에 적용하고, 조합하느냐에 따라 발상 전환의 시간이 다가온다.

# 생각에도
# 클래스가 있다

우리가 창의적이지 못한 것은
생각이 부족해서가 아니라
생각의 방향이 잘못되었기 때문이다.

우리는 생각을 지휘하기 위해서라도 다양한 경험을 통해 창의성의 입구를 넓게(WIDE) 만들어야 한다. 경험에는 클래스가 없기 때문이다. 하지만 경험과 달리 생각에는 클래스가 존재한다. 모든 생각이 이로운 것은 아니라는 소리다. 창조적인 생각에는 특별한 무언가가 있다. 그리고 나는 그 무언가의 기원에 '의외성'이 놓여 있다고 생각한다.

우리는 매번 대중과 '예측 가능함과의 전투'를 벌인다. 따라서 우리의 비즈니스는 대중이 예측하는 생각 밖의 시선에서부터 시작되어야 한다. 대중에게는 진화의 욕구가 있다. 그들은 우리가 제시한 것 이상을 상상한다. 콘텐츠를 제작하는 우리보다 소비하는 대중의 상상력이 더 풍부하다. 그래서 우리에게는 대중의 상상력을 넘어서는 반전의 능력이 요구된다. 우리에게 필요한 이 반전의 능력을 나는 의외성이라 부른다. 의외성이란 사전적 의미로 뜻밖의 생각이나 행동을 말하는데, 콘텐츠 영역에서는 '대중이 예기치 못했던 결과'를 지칭한다. 나는 우리가 지금까지 가졌던 생각에 약간의 의외성만 부여해도 창의적인 방향으로 흐를 수 있다고 믿는다.

경영 대가들의 주장을 살펴보자. 《어댑트ADAPT》를 집필한 경제 전문 칼럼니스트 팀 하포드Tim Harford는 "혁신은 규칙이 아닌 '예외'에 의해 움직인다."고 주장했다. 여기서 말하는 '예외'는 의외성과 유사한 의미를 지닌다.[1]

다음은 인문학자의 주장이다. 창의성의 대가 이어령 교수는 《우물을 파는 사람》을 통해 "창조적 발상은 아주 간단하다. 고정관념에서 벗어나는 것이다. 이미 알고 있는 것을 낯설게 만드는 것이다."라고 말했다. 그가 말한 '낯설게 만들기'도 의외성과 일맥상통하는 것이다.

그렇다면 의외성을 영화 콘텐츠의 사례에서 살펴보자. 다음은 영화 〈살인의 추억〉과 〈괴물〉의 봉준호 감독이 〈마더〉라는 영화에 김혜자라는 명배우를 캐스팅하면서 밝혔던 소견이다.[2]

"의외성이랄까. 본인이 원했건 원치 않았건 그동안 한국의 어머니상을 짊어지고 오셨는데, 나는 성격이 이상해서 그런지 그에게서 다른 면을 많이 봤다. 드라마나 토크쇼 같은 데 나왔을 때 보면 의외의, 아주 4차원적인 면을 느낄 수 있었다. 연기가 아니라 실제로 히스테리가 폭발한 느낌이랄까. 몹시 불안정하고 강박증이 있는 것 같은 인상을 받았고 거기에 매혹된 적이 몇 번 있었다. 그런 게 김혜자라는 배우의 굳어진 중심 이미지 속에서 틈새 사이로 보이니까 더 날카롭게 보였던 것 같다. 그것을 궁금해하고 매력을 느껴서 함께 영화를 하고 싶었다."

〈마더〉를 보면 김혜자라는 캐릭터가 단순한 '국민엄마'가 아니라 아들을 위해서는 살인까지 방조할 정도로 집착적인 인물로 그려진다. 봉준호 감독이 캐릭터의 의외적인 모습에서 이야기를 착안하고 풀어낸 것이다. 그리고 이 의도가 대중의 감성과 교감되었기에 영화는 성공할 수 있었다.

의외성에 맞게 생각을 전개시키는 작업의 재료는 경험이다. 경험은 나의 과거다. 어제까지 보내고, 읽고, 듣고, 상상하고, 만난 모든 게 경험이다. 경험은 무無가 아니라 유有다. 없던 것이 아니라 실재하는 것이다. 그렇기 때문에 생각은 '발명'될 수 없다. 생각은 나의 경험을 토대로 이루어지기에 '발견'되는 것이다. 하지만 생각이 발견에서 마감되면 안 된다. 확실하게 붙잡아야 한다. 그래서 나는 첫 번째 트랙에서 '의외성을 포착하다'라는 화두를 던진 것이다. 포착이란 단어는 '어떤 기회나 정세를 알아차림', '꼭 붙잡음', '요점이나 요령을 얻음' 등의 뜻을 갖는다. 의외적인 생각에 접근하였다면 확실하게 붙잡아야 한다. 그리고 그런 과정의 반복이 우리를 한 차원 높은 생각의 단계로 인도해 준다.

한동안 〈개그콘서트〉의 '용감한 형제들'이란 코너에서 나를 디스(diss, 다른 사람을 폄하하는 행동이나 말)하는 멘트가 대중에게 웃음을 주었는데, 이조차도 의외성에서 출발한 개그다. 이를테면 이런 것이다.

"전진국 예능국장, 잘 들어! 매번 녹화 때마다 스튜디오에 내려와서 힘든 거 없냐, 불편한 거 없냐고 물어보는데… 당신이 제일 불편해! 제발 내려오지 좀 마!"

이 친구들이 이제 나마저 팔아먹는구나. 나조차 예상치 못했던 개그코드였다. 기존의 개그 프로그램은 유명인이나 동년배 혹은 손아랫사람을 대상으로 희화화했다. 하지만 대중에게 전혀 알려지지 않은 사람이자 직장 상사이기까지 한 나를 의외의 웃음 코드로 이용하면서, 보는 이에게 카타르시스를 선물한 것이다.

생각에도 방향이 필요하다. 방향이 없는 생각은 몽상으로 그칠 수 있기 때문이다. 그리고 생각에 방향이 잡혔다면 이제 의외성을 부여해보자. 잊지 말라. 생각을 다음 단계로 진화시키기 위한 첫 번째 단초는 의외성이다.

# 트라우마는
# 간직할수록 아름답다

남다른 아픔을 갖고 있기에 우리는
대중의 다양한 감정들을 이해할 수 있다.
생각은 인간의 감정을 이해하는 데서 출발한다.

과거의 좋았던 경험만이 좋은 생각으로 발전하는 것은 아니다. 오히려
가슴 아팠던 기억이 창의적인 생각으로 전환되는 경우가 더 많다. 발레
리나 강수진은 "무용수가 아픔을 자기 친구처럼 여기지 않으면 무용을
못 해요."라고 말했다. 비즈니스에서도 실패의 경험에서 성공의 단초를
마련한 사례를 쉽게 찾아볼 수 있다. 1990년대 후반, 매킨토시 컴퓨터는
CD에 음악을 저장할 수 없다는 치명적 단점으로 인해 실적이 추락한다.
스티브 잡스는 이 실패를 통해 음악 소프트웨어 개발의 중요성을 깨달았
고, 그래서 탄생한 것이 바로 아이튠즈(애플에서 개발한 디지털 미디어 플
레이어)다.

경험화 Experience

KBS 예능국에서는 부족한 인력을 충원하기 위해 공채 신입사원 중심의 인력충원 제도를 탈피하고, 2007년부터 경력 PD를 모집했다. 보다 강한 근성을 지닌 구성원이 필요했는데, 스펙 중심의 기존 신입사원 선발 제도에서는 이를 확인하기가 어려웠기 때문이다. 그래서 우리는 지방과 케이블 방송사에서 고생을 '제대로' 한 친구들만 모아 '제대로' 키워보자는 결정을 내렸다. 대표적인 친구가 케이블 방송사 출신의 이승건 PD다. 그는 전 직장에서 승진을 목전에 둔 상태였는데 "부모님이 한 번만이라도 제가 만든 프로그램을 보실 수 있도록 하고 싶습니다."라는 한恨이 섞인 목소리로 KBS에 지원했다. 케이블 방송사에 머물렀다면 책임 PD로 활동할 수 있는데도 KBS에서 조연출부터 시작해보겠다며 의욕이 넘치는 태도를 보였다. 결국 우리는 면접을 통해 그를 비롯하여 12명의 경력 PD를 세 차례에 걸쳐 선발했다. 모두 지방과 케이블에서 온갖 잡다한 허드렛일을 도맡으면서 성장한 친구들이다. 그리고 이들은 어느새 KBS 예능국의 새로운 희망이 되었으며, 정규 신입 합격자들과 지금까지도 선의의 경쟁을 펼치고 있다.

세계 5대 헤드헌팅 기업인 러셀레이놀즈Russell Reynolds Associates의 클락 머피Clarke Murphy 회장은 "이 좋은 위기의 순간을 낭비하면 안 된다."고 주장한다.[3] 위기의 순간이 성장의 계기를 만들어주기 때문이다. 마찬가지로 영화감독 스티븐 스필버그Steven Spielberg는 "그 모든 소름끼치고 트라우마trauma적인 유년기로부터 나는 영화들을 창조한다."라

첫 번째 트랙 : 의외성을 포착하다

고 고백했다. 사람은 누구나 아픔을 겪고, 그 아픔은 인생의 트라우마로 자리 잡는다. 대다수의 사람들은 트라우마를 극복하려고만 한다. 하지만 나는 트라우마를 굳이 극복할 필요가 있는지 의문이다. 극복이 현실적으로 가능한지조차 모르겠다. 아픔을 잊어버린 사람은 상대의 아픔조차 발견하지 못하는 경우가 많다. 콘텐츠는 대개 위로의 마음에서 출발한다. 대중의 아픔을 매만져주는 위로가 기반이 되어야 콘텐츠에 울림이 생기는 법이다. 〈라쇼몽〉, 〈7인의 사무라이〉 등의 영화로 유명한 감독 구로사와 아키라 감독이 "우리는 영화를 만들면서, 즉 같은 동네에 살면서 서로 격려하는 것입니다."라고 말하지 않았던가. 그런데 콘텐츠를 생산하는 우리 스스로가 지난 아픔을 망각하려고만 한다면 그런 울림을 만들어낼 수 있겠는가. 다양한 경험과 절실한 아픔을 간직하는 것이 생각을 넓힐 수 있는 또 하나의 기회임을 반드시 기억했으면 좋겠다.

▼

# 단골은
# 일단 기피한다

경험을 한정시키는 것도 생각을 가두는 일이다.
경험을 확대해야 생각의 확장을 이룰 수 있다.

▼

〈유희열의 스케치북〉은 2012년에 특집 프로그램으로 '청춘나이트'를 방영하기 시작했다. 1990년대에 대활약을 펼쳤던 가수들이 출연해 그 시대의 찬란한 문화를 재현해내는 콘셉트다. 심야 시간대의 방송 프로그램이라 시청률이 높은 편은 아니지만, 체감 반응은 그 수치보다 상당히 뜨거웠다. 그런데 이 아이디어는 방송국 책상에서 나온 것이 아니었다.

우연히 알게 된 30대 후배들과 홍익대 인근의 '밤과 음악 사이'라는 가게에 처음으로 가게 됐다. 그곳은 레코드로 손님들이 신청한 음악을 틀어주는 곳인데 주로 1980, 1990년대의 대표 히트곡들이 흘러나왔다. 김광석에서 시작하여 신승훈, 김건모, 서태지, 듀스, 터보, H.O.T의 음악이 차례로 흘러나오자 테이블 곳곳에서 흥겹게 노래를 따라 부르는 모습이 보였다. 일부 손님들은 자리를 박차고 일어서 당시의 춤까지 재현해 추기 시작했다. 주위를 돌아보니 대부분 30대 손님이다. '지금의 30대는 이렇게 자신들의 1990년대를 회상하는구나.'라는 생각을 하자 불현듯 아이디어가 떠올랐다.

'밤과 음악 사이'에서의 경험은 그동안 우리가 간과했던 30대 시청자들의 중요성을 깨닫는 계기가 됐다. KBS는 2004년부터 〈콘서트7080〉이란 프로그램을 방영하고 있다. 지금의 40, 50대를 위한 프로그램으로 1970년대 포크송부터 1980년대 발라드까지 라이브로 선보인다. 이에 반해 〈뮤직뱅크〉는 10~20대를 위한 음악 콘텐츠로 주로 K팝, 아이돌 스타들의 무대가 펼쳐진다. 그동안 30대를 위한 콘텐츠 개발을 등한시한 것이 분명했다. 그래서 그때부터 우리는 8090 문화에 대한 연구에 본격적으로 돌입했다. 그 결과, 7080 문화가 조용히 앉아서 듣는 문화에 가까웠다면, 8090 문화는 같이 따라 부르고 춤을 추는 '참여형 문화'에 가깝다는 분석이 나왔다. 그래서 당시 〈유희열의 스케치북〉의 유웅식 PD는 30대를 대상으로 스탠딩 쇼인 '청춘나이트'를 기획하게 된 것이다.

우리는 회사 동료와 업무를 마치고 단골 술집에서 마시는 맥주 한잔에 쉽게 중독된다. 명분도 서는 자리다. 업무와 관련된 소통의 기회를 만든다는 명분. 하지만 그런 술자리에 중독되면 늘 똑같은 대화와 일상이 반복되기 마련이다. 반복된 일상은 기억에 남을 만한 사건이 될 수 없고 창의적인 생각으로 전환될 여지도 사라진다. 단골은 기피해야 한다. 사람도 그렇고 공간도 그렇다. 동료와의 인연을 끊으라는 소리가 아니라, 가끔은 새로운 환경과 만남에 직면해보라는 소리다. 나를 '밤과 음악 사이'로 데려간 친구들도 업무적으로는 별 상관이 없으며 항상 만나는 사람들도 아니었다. 하지만 그들과 함께한 낯선 환경 덕에 나는 새로운 생각을 할 수 있게 됐다. 컬럼비아 대학의 번트 슈미트Bernd Schmitt 교수도 다음과 같이 조언한다.[4]

"큰 생각을 하려면 자신을 색다른 경험에 수없이 노출시켜보라."

지금 우리가 스스로의 일상을 한정된 경험에 묶어두는 것은 아닌지 한번 의심해보자. 우리의 생각이 남다르지 못한 방향으로 흐르고 있다면 그것은 이런 의심조차 안 해봤기 때문은 아닐까?

첫 번째 트랙 : 의외성을 포착하다

# 모든 경험은 하나 이상의
# 결과를 가져온다

'헛된' 경험이란 없다. 자신이 원치 않는 일, 소모되는 것처럼 보이는 업무,
빛이 나지 않는 위치에서의 반복된 경험에 결코 좌절할 필요는 없다.
모든 경험은 다음 단계로의 도약을 위한 근육이기 때문이다.

미국 소프트웨어 회사로 2011년 약 1조 2,500억 원의 매출액을 올린 기업 레드햇Redhat의 CEO 짐 화이트허스트Jim Whitehurst는 다음과 같이 말했다.[5]

" '이따위 걸 제품이라고 만들었느냐. 쓰레기 같다'는 식의 독설마저 수용하는 태도, 그게 바로 미국에서 오픈소스 소프트웨어가 발전하는 원동력입니다."

콘텐츠를 제작하는 과정은 결코 순탄할 리 없다. 흐뭇한 경험만 하면서 이 현장에서 살아 숨 쉴 수 없다는 소리다.

한류의 주역을 거론하는 과정에서 드라마 〈가을동화〉, 〈겨울연가〉의

윤석호 PD를 빼놓을 순 없을 것이다. 나와 KBS 입사 동기인 그는 탁월한 영상미와 감성을 적시는 음악, 그리고 시적 대사로 유명한 다수의 드라마를 연출했다. 그래서 배우들이 먼저 찾아와서 출연을 요청하는 국내 몇 안 되는 드라마 PD라 할 수 있다. 하지만 그가 KBS에서 처음 일한 부서는 드라마국이 아닌 예능국이었다.

물론 윤석호 PD는 입사 때부터 드라마를 만들고 싶어 했다. 하지만 세상 일은 자기가 바라는 대로 주어지지 않는 법. 당시의 방송국은 부서 이동조차 자유롭지 못했다. 결원이 생겨야만 자신이 원하는 부서로, 그것도 지원 정도만 가능했다. 부서마다 질서가 매우 엄격했기에, 부서 이동은 정말로 운이 좋아야 가능한 일이었다.

아마 윤석호 PD도 처음에는 무척 좌절했을 것이다. 하지만 그는 자신의 경험을 헛되이 썩혀두는 사람이 아니었다. 평소 음악에 관심이 많았던 그는 뮤직비디오 제작에 큰 관심을 보였고, 남다른 결과물도 제작해 냈다. 그때까지 우리는 단지 음악에 관심이 많은 예능 PD로만 그를 평가했을 뿐이다. 오랜 간절함이 통했는지, 2년간 예능국에서 훈련을 겪은 후 그는 결국 드라마국으로 이동하게 된다. 그리고 시쳇말로 '터졌다'. 〈내일은 사랑〉과 〈사랑의 인사〉라는 드라마로 이병헌, 배용준을 발굴하고, 〈느낌〉으로 손지창, 김민종과 함께 이정재를 스타로 만들어 냈다. 그 외에도 김희선의 〈프로포즈〉, 류시원의 〈순수〉, 이영애의 〈초대〉로 1990년대 대중의 감성을 장악하더니 21세기에는 한류 드라마의 명장으로 자리매김했다.

윤석호 PD의 발걸음에 우리가 박수칠 수 있었던 이유 중 하나는 그가 예능국에서 배웠던 경험을 소중한 자산으로 사용했기 때문이다. 그는 뮤직비디오를 찍으면서 키운 화면의 미적 감각과 음악적 소양을 드라마에 녹여냈다. 자신이 원하지 않았던 2년간의 과정을 더 나은 결과로 창조해 낸 것이다.

미국의 저널리스트 마크 맥퍼든Mark McFadden은 "일을 망치고 아무것도 배우지 못했다면, 당신은 실수를 한 것이다. 일을 망치고 무언가를 배웠다면, 당신은 경험을 한 것이다."라고 말했다. 우리는 어쩔 수 없이 원하지 않은 위치에서, 뜻하지 않은 활동을 해야 할 때가 많다. 원하던 결과 대신 실망과 좌절만 남을 수도 있다. 그러나 그조차 학습의 기회이고, 우리에게는 소중한 자산이 아닐 수 없다. 〈주몽〉의 배우 한혜진도 "슬픈 일이 있어 울 때도, 나중에 연기할 때 이렇게 울어야겠다는 생각을 한다."며 직업병을 고백하지 않았던가. 오늘의 경험이 우리가 내일 해야 할 다양한 생각의 단초가 됨을 잊지 않길 바란다.

▼

# 질문이 방향을
# 결정한다

앞선 생각을 하려는 사람은 많아도 대중의 생각을 제대로 읽으려는 사람은 별로 없다.
대중에게 답을 주려는 사람은 많은데, 정작 대중에게 질문하는 사람은 흔치 않다.
그래서 콘텐츠는 종종 대중의 생각과 어긋나곤 한다.

▼

〈건축학개론〉, 〈공동경비구역 JSA〉, 〈접속〉 등의 영화들을 양산해낸 영화사 명필름의 심재명 대표는 이렇게 말했다.

"전문가들이 아무리 회의하고 리서치해서 뭔가를 만들어도 대중은 항상 '하지만 너희들은 이걸 몰랐지' 하며 하나를 더 알려준다."

우리는 대중이 갖는 생각의 변화와 시대적 흐름 등을 끊임없이 분석하고 읽어낼 의무를 지니고 산다. 항상 대중을 바라보며 콘텐츠를 생산하기 때문이다. 시대보다 앞선 생각은 대중의 마음을 읽은 뒤에나 나올 수 있다. 그리고 시대와 대중을 읽는 가장 현명한 방법은 바로, 질문이다.

KBS 〈불후의 명곡 : 전설을 노래하다〉는 젊은 K팝 가수들이 출연해서 우리의 흘러간 명곡을 부르며 대결하는 콘셉트다. 그리고 이 프로그램은 세 가지의 시대적 흐름과 그에 관한 각각의 질문에서 출발했다.

첫 번째는 오디션 열풍 현상이다. M.NET의 〈슈퍼스타K〉와 MBC의 〈위대한 탄생〉의 성공이 자극으로 다가왔다. 하지만 이때 우리는 "왜 매번 새로운 스타들만 찾아야 할까? 기존 스타들 중에서 숨겨진 재능을 찾아주는 프로그램은 어떨까?"라는 질문을 던졌고, 그래서 알리나 에일리, 쏘냐처럼 아직 실력을 대중에게 검증받지 못한 가수들을 찾아 나서게 됐다.

두 번째 시대 흐름은 '프리퀄prequel'에 대한 대중의 욕망이다. 프리퀄이란 원래 영화계에서 사용하는 용어인데, 원래의 이야기보다 시간상으로 앞선 이야기를 보여주는 속편을 말한다. 애써 번역해보자면 '기원起源'이나 '뿌리'라는 용어로 대체될 수 있을 것이다. 〈스타워즈〉나 〈배트맨〉, 〈혹성탈출〉 등의 프리퀄 영화가 많이 제작됐는데 대부분 흥행에도 성공했다. 그래서 "K팝의 기원을 찾아보면 어떨까?"라는 질문을 던졌고, 흘러간 명곡을 부르는 콘셉트로 정착된 것이다.

세 번째는 대중이 점차 서바이벌 형식에 피로해하는 모습에서 출발했다. 특히 MBC 〈나는 가수다〉의 반응이 그 사례가 될 수 있다. 처음에는 극적인 서바이벌 형식에 대중이 열광했지만 이내 그 기운은 가라앉고 말았기 때문이다. 그래서 우리는 "보다 흥겨운 경쟁 방식은 없을까?"라는 질문을 던졌고, 그래서 신동엽이라는 애드리브가 가장 뛰어난 개그맨에게 진행을 맡겼으며, 중간 중간에 개그적 요소를 적절히 삽입하여 축제 분위기를 지향했다.

이렇듯 〈불후의 명곡〉은 시대 흐름과 적절한 질문을 통해 얻어낸 콘텐츠다. 콘텐츠를 론칭할 때는 항상 트렌드보다 반보 앞서야 한다. 하지만 생각의 시작 단계에서는 일단 시대적 흐름과 대중의 기호를 끊임없이 정교하게 분석해야 한다. 대중의 기호는 산발적으로 분산되어 있기에 분석하기 어려운 게 사실이다. 그래서 적절한 질문이 필요하다. 질문이 방향을 잡아준다. 우리가 질문만 제대로 던진다면 비밀처럼 숨겨진 대중의 마음과 시대적 흐름을 읽을 수 있다.

프랑스의 시인이자 소설가인 기욤 아폴리네르Guillaume Apollinaire는 "떨어지는 손수건도 창조자에게는 이 세상을 들어 올리는 지렛대가 될 수 있다."라고 말했다. 우리는 지렛대를 많이 가진 사람이 결코 아니다. 오히려 지렛대를 발견하는 사람에 가깝다. 그리고 우리가 사용할 수 있는 가장 현명한 지렛대는 바로 질문이다. 같은 의미로 이정명의 소설 《뿌리 깊은 나무》에서 다음과 같은 유쾌한 대사를 발견했다.

"질문은 비밀을 캐는 유일한 도구다."[6]

# 생각은
# 머리에서 열리지 않는다

머리로만 생각을 하면 이내 한계에 도달한다.
생각은 눈으로 관찰한 지점에서 출발해야 하고,
귀로 경청한 부분에서 시작해야 한계를 뛰어넘을 수 있다.

▼

예전에는 TV 편성을 할 때 같은 시간대 경쟁 프로그램부터 먼저 살폈다. 드라마는 드라마끼리, 예능은 예능끼리 붙여놓는 식이다. 하지만 이런 방식은 이제 구식으로 통한다. 대중의 일상을 관찰하니 우리의 생각과 전혀 다른 결과들이 종종 발견됐기 때문이다.

KBS〈천하무적 야구단〉은 4월만 되면 시청률이 하락했다. 주 시청자층이 야구 팬인데 4월부터 프로야구가 개막하기 때문이다. 같은 시간대 스포츠 채널에서 야구 중계를 하는데 누가 〈천하무적 야구단〉을 선택하겠는가? 〈천하무적 야구단〉은 같은 시간대에 방송되는 〈무한도전〉뿐만 아니라 프로야구와도 경쟁을 벌여야 했다.

과거 토요일 심야 시간대는 보통 영화나 외화, 토론 프로그램 같은 남성 시청자 대상의 프로그램이 편성됐다. 하지만 MBC는 남성보다 중장년층의 여성이 토요일 심야 시간대에 리모컨을 장악하고 있음을 관찰하고, 주부 대상의 토크쇼인 〈세바퀴〉를 편성했다. 애초 〈세바퀴〉는 〈1박 2일〉과 같은 시간대에 방영되어 시청률이 높지 못했는데 토요일 심야 시간대로 이동한 뒤에는 엄청난 히트작으로 재창조됐다.

KBS 〈미녀들의 수다〉 시즌 1도 최초에는 일요일 오전 11시에 편성됐었는데 곧 월요일 밤 11시대로 이동한다. 이유는 이 프로그램이 중장년 남성들에게 인기가 높았기 때문이다. 일요일 오전 시간은 중장년 남성들이 편안하게 TV를 볼 수 없는 시간이다. 평일에는 직장 생활로 가정에 소홀했고, 토요일에는 마음껏 소파에서 뒹굴었으니 이제는 가족을 위해 헌신해보라는 아내와 자녀들의 등쌀에 시달리기 때문이다. 그래서 중장년층 남성들이 편안하게 TV를 볼 수 있는 월요일 심야로 옮겼다. 그러자 아내들도 고된 노동을 마치고 퇴근한 남편과 함께 〈미녀들의 수다〉를 시청하게 됐다.

하버드대 경영대학원의 수닐 굽타Sunil Gupta 교수는 나이키의 경쟁자는 동일한 스포츠 브랜드인 리복이 아니라 전혀 별개의 업체로 보이는 닌텐도라고 주장한다. 실외 운동을 하는 사람이 나이키 운동화를 신고 달릴 때, 다른 대중은 실내에서 닌텐도 게임을 하기 때문이다. 그의 주장에 의하면 이제 우리가 점유해야 할 것은 시장이 아니라 대중의 일상이라 할 수 있다.

　개인적으로 이 책을 집필하는 과정에서 한 출판 관계자에게 들었던 조언도 마찬가지의 사례가 될 것 같다.

　"이제 책의 경쟁 상대는 경쟁도서나 유사도서가 아니라 스마트폰입니다."

　그렇다. 대중은 한정된 시간에 책과 스마트폰 중 하나(이 외에도 다른 선택지도 있겠지만)를 선택할 뿐이다. 이제 동일한 콘텐츠를 서로 먼저 팔기 위해 격전을 벌이는 시대는 지났다. 대중에게는 무수히 많은 선택지가 놓여 있기 때문이다. 따라서 생각의 출발지점도 달라져야 하는데, 결국은 대중의 일상에서 시작되어야 한다. 빅데이터 전문가이자 다음소프트의 부사장인 송길영은 "제품을 보지 말고 사람의 삶, 그리고 사회적 담론을 살펴야 한다."고 주장한다.[7] 하지만 대중은 자신들의 일상을 분석해서 우리에게 선물하지 않는다. 우리가 직접 다가서서 보고 들어야만, 보이고 들릴 뿐이다. 보지 않으면 보이지 않고, 듣지 않으면 들리지 않는다. 생각은 눈과 귀에서부터 열리게 되어 있기 때문이다.

# 서태지만
# 기억하면 안 된다

위대한 개인의 시대는 역사를 통틀어 단 한 번도 없었다.
세상은 '홀로'가 아닌 '여럿'이 뭉쳐야만 변화시킬 수 있다.
세상을 바꾼다는 쾌감보다, 누군가와 함께한다는 설렘이 더 매력적인 법이다.

서태지와 아이들이 대중가요의 흐름을 변화시킨 뒤부터, 한국 사회에는
일명 '서태지 현상'이라 부를 만한 일종의 신드롬이 조성된 것 같다. 모
두가 서태지처럼 혁명적으로 기존 사회를 변화시키는 위대한 '개인'이
되고 싶어 한다는 뜻이다. 그때마다 나는 서태지를 잘못 이해하고 있는
것은 아닌지 의문이 든다. 뮤직비디오와 콘서트, 방송 제작 등을 통해 내
가 만나 본 서태지는 위대한 개인이라기보다는 뛰어난 리더에 가까웠다.
사실 서태지는 동료들과의 협업 체제를 굉장히 중요하게 여겼다. 화려한
무대를 만들기 위해서 자기 의견을 먼저 내기보다는 동료들의 의견부터
들었다. 그리고 회의를 통해 결정된 사항은 끝까지 관철시켜냈다. 방송
과 무대를 만드는 우리와 의견이 달랐을 때, 그는 특유의 조곤조곤한 목

소리로 자신들의 주장을 털어놓았다.

"이 무대를 위해 많은 동료들과 오랜 시간 동안 회의하고 연습했어요. 우리들의 뜻을 꺾지 않으셨으면 해요."

흔히들 서태지가 양현석과 이주노를 '발탁'했다고 얘기하는 사람들이 있는데, 이건 잘못된 표현이다. '서태지는 양현석과 이주노라는 발군의 인재를 자기 주위에 채웠다.'는 표현이 더 적절하다. 서태지와 아이들이 일으킨 한국 대중음악의 혁명은 개인의 혁명적 행위가 아니라, 뛰어난 무리들이 만들어낸 공동 결과다.

21세기가 시작되자마자 경쟁사들에 밀려 위기를 맞았던 맥도날드를 부활시키면서 약 8년 동안이나 조직을 이끌었던 CEO 짐 스키너Jim Skinner는 "내 목표는 항상 나보다 똑똑한 사람들에게 둘러싸이는 것이다."라는 말로 성공의 비결을 고백했다. 의사 출신으로 교보생명의 회장을 맡고 있는 신창재 회장도 같은 의미로 "리더는 천재일 필요가 없습니다. CEO의 역할만 잘하면 되죠."라고 겸손해한다.[8]

모두가 〈1박2일〉 하면 이명한 PD나 나영석 PD, 최재형 PD만을 기억하는 경우가 많은데 실제 담당 PD는 5~6명이다. 이들은 사전답사도 같이하고, 편집도 함께한다. 이들은 함께하면서 서로가 다른 시선으로 부족한 부분을 메운다. 〈1박2일〉의 성공은 단 한 명의 크리에이티브한 리더에게서 창출된 것이 절대 아니다.

〈토이스토리〉, 〈인크레더블〉, 〈몬스터 주식회사〉 등의 애니메이션으로 유명한 픽사pixar는 "예술은 팀스포츠다."라는 표현으로 협업의 중요성을 강조했다. 〈개그콘서트〉의 서수민 PD 역시 웃음의 중점은 훈련과 구성원 간의 약속에서 출발한다며 "개그는 달밤에 영감을 받아서 짜는 장르가 아니다. 단체 호흡에서 나오는 것이다."라고 주장한다.

이에 반해 간혹 자신의 아이디어가 받아들여지지 않을 경우 팬시리 좌절하고, 타인에게 반감을 갖는 사람들도 있다. 이는 타인을 설득하는 과정을 간과했기 때문이다. 설득의 과정도 생각의 단계에 포함된다. 타인에게 생각을 관철시키는 과정까지 콘텐츠 제작 단계에 속한다. 당신의 생각에 확신이 선다면 지금 바로 옆에 있는 동료나 선배를 설득하여 함께 가라. 창조적 활동의 기반은 팀플레이에서 출발하는 것이다.

예수님에게도 12제자가 있었고, 유비 옆에는 관우와 장비가 자리를 지켰다. 히딩크Guus Hiddink 감독에게도 핌 베어백Pim Verbeek이 있었고, 스티브 잡스도 팀 쿡Timothy Cook이나 조너선 아이브Jonathan Ive 같은 우수한 동료들이 존재하지 않았다면 성공을 꿈꾸기 어려웠을 것이다. 그래서 동료들이 우리와 함께 활동할 수 있도록 전반적인 분위기를 형성하는 일도 중요하게 생각해야 한다. "에고가 강하다고 해서, 재주가 많다고 해서 더 많은 성과를 내는 것이 아니다. 사람들이 나와 일하는 게 좋도록 만드는 것이 오래가는 비결이다."라고 말한 최인아 카피라이터의 주장도 그런 뜻으로 이해하는 것이 바람직하다.

위대한 역사는
우리를 설득해낸
누군가에 의해 창조되었다.

▼

# 다른 생각이
# 다음 생각을 만든다

목표는 동일하더라도 생각은 다른 사람들이 모여야 한다.
하나의 목표를 향해 생각의 충돌이 빚어질 때
우리는 원하던 목표에 가까워짐을 감지할 수 있다.

▼

미국 프로농구 NBA의 전성기는 1990년대 초반, 시카고 불스Chicago
Bulls가 3연속 우승을 차지하던 시절이었다. 당시 시카고 불스에는 전설
적인 농구 선수 마이클 조던Michael Jordan 외에도 스코티 피펜Scottie
Pippen, 토니 쿠코치Toni Kukoc 등 최고의 스타들이 포진해 있었는데
당시 감독인 필 잭슨Phil Jackson은 그중에서 최고를 데니스 로드맨
Dennis Rodman으로 꼽는다. 하지만 데니스 로드맨은 시카고에 입단하기
전까지 기행과 스캔들로 유명한 사고뭉치였다. 구단 내에서도 그의 영입
에 대해 반대가 많았으나 그는 필 잭슨 감독의 강력한 의지로 시카고 불
스에 입단할 수 있었고, 결국 마이클 조던과 짝을 이뤄 리바운드의 제왕
으로 구단과 NBA의 전성기를 주도했다.

생각은 다양할수록 좋다. 하지만 말이 쉽지, 다양한 생각을 하기란 쉽지 않다. 그럴 때는 지금과 반대의 생각을 떠올리는 것이 유리하다. 물론 이조차도 그리 쉬운 건 아니다. 그래서 가장 좋은 방법은 자신과 반대되는 유형의 사람과 함께하는 것이다. 필 잭슨 감독은 마이클 조던과 반대되는 스타일의 데니스 로드맨을 통해 시카고 불스의 공격 유형을 다양화했다.

드라마 〈선덕여왕〉과 〈뿌리 깊은 나무〉 등을 공동 작업한 김영현, 박상연 작가는 생각도 행동도 철저히 다른 사람들이다. 그래서 사사건건 치열한 격론을 벌인다. 그런 생각의 충돌 과정이 탁월한 콘텐츠를 만드는 원동력이다. 〈대국민 토크쇼! 안녕하세요〉의 이예지 PD 곁에는 '예능계의 김수현'으로 불리는 문은애 작가가 있다. 이 두 사람 역시 나이부터 생각, 행동까지 공통점보다는 차이점이 더 많지만 우수한 콘텐츠를 만들어보자는 일념 아래 함께 가시적인 성과를 이뤄냈다. 국내 최고의 MC 유재석은 독설로 유명한 박명수가 함께한다. 그들은 정반대의 캐릭터지만 오묘한 앙상블로 MBC 〈무한도전〉과 KBS 〈해피투게더〉를 동시간대 시청률 1위로 만들어냈다.

일본에서 괴짜 CEO로 유명한 호리바제작소의 호리바 마사오 회장은 "나와 같이 일하는 사람은 나와 다른 생각을 갖고 있어야 존재 가치가 있는 법이다. 나와 똑같은 생각을 갖고 있다면 차라리 그 월급을 내게 달라고 말하고 싶다."라고 말했다.[9] 현대카드의 정태영 사장도 "내 의견이 일방적으로 먹히면 순간은 신나는데 뒷맛이 불안하고, 중역들 의견이 우세하면 항복해도 뒷맛이 든든하다."라는 멘션을 트위터에 올린 적이 있다. 다른 생각은 우리를 다음 단계의 생각에 가까워지게 한다. 내가 미처 하지 못했던 생각까지 품을 수 있는 계기가 되기 때문이다.

또한 생각이 다른 사람을 설득하는 과정은 내 의지를 포기하는 일이 아니다. 오히려 내 생각을 논리적으로 풍부하게 만들어줄 때도 많다. 상대를 설득하기 위해 한 번 더 생각하게 되기 때문이다. 박찬욱 감독도 할리우드에서 영화 〈스토커〉를 찍으면서 현지 스태프와 배우들을 설득시키고 납득시켰던 경험을 다음과 같이 설명한다.[10]

"스튜디오 각 분야의 부서장과 주연 배우에게 디테일하게 설명해서 납득시켜야 한다. 물론 그 과정이 마냥 힘든 것만은 아니다. 그런 과정을 통해 내 논리가 정교해지고 스스로 정말 원하는 게 무엇인지 알게 된다. 막연하게 '이게 좋은 것 같아'가 아니라 '나는 왜 이걸 좋아하는 걸까' 생각하게 된다."

혹자는 생각이 다른데 어떻게 설득할 수 있느냐고 묻는데, 같은 목표를 향해 가는 동료들이라는 전제조건을 달지 않았는가. 목적지가 같다는 건, 같은 꿈을 꾸는 동료가 있다는 건, 그래서 축복이다.

첫 번째 트랙 : 의외성을 포착하다

# 휴식의
# 저주를 경계한다

몸에는 휴식을 줄 수 있다.
하지만 머리에는 휴식을 줄 수 없다. 머리를 비운다는 말은
다른 방식으로 사유의 폭을 넓힌다는 것이지, 생각을 안 한다는 게 아니다.

개그맨 신동엽은 자타공인 최고의 MC였다. 한참 동안 최고의 위치에 서
있다가 판단을 잘못해 사업에 참여했고, 이것이 문제가 되어 빚도 지면
서 슬럼프에 빠졌다. 그가 출연했던 방송의 시청률은 하락하고, 출연료
도 낮게 책정되면서 왕년의 스타로 추락할 뻔했다. 다행히 신동엽은 현
명한 친구다. 머리가 정말 빨리 돌아간다. 한창 방송을 잘 할 때는 그의
진행에 편집을 할 필요가 없었다. 방송 시간까지 머릿속으로 미리 계산
해놓고 편집할 포인트까지 다 생각하면서 군더더기 없이 녹화를 진행한
다. 그래서 PD들이 굉장히 선호했다. 그리고 정말로 이 똑똑한 친구는
슬럼프도 현명하게 이겨냈다.

보통의 우리는 슬럼프에 빠지게 되면 휴식을 찾아 떠나는 경우가 많다. 조금 쉬면 나아지지 않겠냐는 '막연한' 기대감 때문이다. 그러나 막연한 기대는 '헛된' 유혹이다. 물론 휴식의 중요성을 부정하고 싶지는 않다. 하지만 쉬려거든 제대로 쉬어라. 인간은 누구나 본성적으로 게으른데, 자신의 게으름을 만끽하기 위해 쉬려거든 아예 돌아올 생각을 버려야 한다.

오히려 휴식 동안에는 더욱 치열해져야 할 필요성이 있다. 그 기간 동안 트렌드가 더 빠르게 변하고, 경쟁자들이 성장한다는 사실을 감내해야 한다. 복귀하면 트렌드 변화에 뒤처져버리고, 경쟁자들에게 밀릴 수 있다. 익숙해진 휴식의 습관은 절실함과 간절함을 앗아간다. 그래서 휴식은 저주가 될 수도 있는 것이다. 그렇기 때문에 휴식을 하면서도 우리는 철저하게 자신을 검토하고, 정점을 찍었을 때의 모습으로 돌아가도록 사유해야 하며, 자기만의 칼날을 갈지 않으면 안 된다. 휴식은 그렇게 사용해야 한다.

신동엽은 '휴식의 저주'를 본능적으로 눈치 챘다. 그래서 슬럼프 기간에도 그는 절대 방송 출연을 쉬지 않았다. 사람들은 신동엽이 몇 년 동안 공백기를 가졌다고 생각하지만 그는 한 번도 휴식을 취하지 않았다. 인기 프로그램이 아니어서 우리는 그가 출연했는지조차 몰랐을 뿐이다. 또한 인기 하락으로 방송 프로그램이 줄어들고 시간이 남자, 그 빈 시간을 독서로 채웠다고 한다. 그러면서 점점 그의 진행에 깊이가 더해졌다.

내공은 그렇게 형성되는 법이다. 그 후 신동엽은 KBS〈대국민 토크쇼!
안녕하세요〉, 〈불후의 명곡 : 전설을 노래하다〉, SBS〈강심장〉 등으로
다시 자신감을 회복했다. 그리고 결국 그는 〈2012 KBS 연예대상〉에서
대상을 수상하게 된다. 훗날 신동엽은 슬럼프를 겪던 당시를 돌아보며
"실패 그 자체보다 그 속에서 아무것도 깨닫지 못할까 봐 두려웠다."고
고백했다.

　일본의 경영컨설턴트 야마모토 신지가 제시한 개념으로 '일근육'이란
것이 있다. 근육을 처음 만들 때는 부단한 노력이 필요하지만, 한번 제대
로 만들어지면 조금만 운동을 해도 양이 늘어나게 된다. 일을 하는 능력
도 마찬가지다. 처음에 고생을 많이 할수록 나중에 더욱 능숙해질 수 있
다는 개념이 일근육 이론이다. 나는 이를 발전시킨 '생각근육'이란 개념
을 주위에 많이 전파한다. 생각도 근육과 마찬가지로 능숙해질 때까지
고생을 감내하면서 고민의 양을 늘려야 한다. 그래야만 머리가 트이게
되기 때문이다. 여기에 적당한 휴식과 긴장의 반복이 근육을 더욱 성장
시키고 단단해지게 한다. 하지만 너무 오래 휴식을 취하면 그 근육들이
다시 풀어질 수 있음을 기억하자. 생각의 근육이 풀리면 초기에 고생했
던 모든 노력들이 수포가 될 수 있다.

# 회사를 위해
# 일하지 않는다

회사는 태생적으로 고통스러운 공간이다.
회사는 근원적으로 가치를 생산하는 곳인데,
가치는 엄청난 고통 뒤에 수반되는 결과물이기 때문이다.

회사는 구성원들이 각자의 가치를 구현함으로써 운영되는 이윤집단이다. 여기서 말하는 가치는 매우 포괄적인 개념이다. 꿈이 될 수도 있고, 돈을 목적으로 할 수도 있다. 스티브 잡스는 '우주에 흔적을 남기기 위해' 췌장암과 싸우면서까지 최선을 다해 일하지 않았던가. 일이란 애초부터 편하게 해서는 안 된다. '꿈의 직장'이란 일을 편하게 할 수 있는 곳이 아니다. 구성원들에게 끊임없이 영감을 던지는 공간이다.

'직장인 마인드'라는 표현이 있다. 회사에서 주어진 업무만을 이행하고, 그에 따른 보수에 만족하면서 일을 편하게 하려는 태도를 지칭한다. 만약 당신이 출근할 때 가슴속에 품은 절대적인 희망사항이 오로지 '칼

퇴근'이라면, 회의시간에 상사의 의견에 고개 끄덕이는 삶으로 충분하다면, 신문은커녕 책 한 장 읽기를 두려워하며 자기계발은 내년 1월 1일부터 하겠다는 결심만 반복하는 사람이라면 직장인 마인드로 살아도 충분하다. 하지만 회사는 우리의 꿈에 다가가는 하나의 수단이자 계단이다. 회사를 통해 꿈을 실현하고, 가치를 구현해내는 희열을 느껴야 한다. 그래야 나도 성장하고, 회사도 더 큰 가치를 창출할 수 있다.

2007년 9월부터 KBS 창원총국에서 총국장직을 수행할 때 박덕선 PD를 만나게 됐다. 보통 지역 방송국은 자체적으로 프로그램 제작을 하는 경우가 많지 않다. 하지만 나는 PD들을 독려하여 자체 프로그램 제작을 제안했고, 박덕선 PD가 '소소한 문제에 화끈한 해결책을 제시한다'의 콘셉트로 〈소화제〉라는 예능 버라이어티를 만들게 됐다. 그는 예능 프로그램 제작을 해본 적이 없었지만, 방송국에서 주어진 일만 하는 것에 염증을 느끼고 있었고, 새로운 창조적 활동을 해보고 싶은 욕망으로 도전했다. 다행스럽게도 해당 프로그램이 많은 호평을 받아 상도 타게 되고, 시청률도 높았다. 이쯤 되면 안일한 마음이 생길 만도 하지만 박덕선 PD는 더 큰 꿈을 꾸기 위해 KBS 본사 예능국의 경력 PD로 지원했다. 창원에서 연출자로 당당하게 일할 수 있었을 텐데도 서울 본사에 올라와 조연출부터 다시 시작하였다.

〈K팝 월드투어〉도 2년간의 갖은 산고를 겪은 후에야 마침내 빛을 볼 수 있었다. "성취감은 늘 고통에서 시작된다. 힘들고 어려운 시간이 즐거움을 선사한다. 반대로 쉬운 것은 공허함과 허무함을 남긴다."는 이나모리 가즈오의 말처럼, 생각은 원래 고통스러운 과정을 동반한다. 직장인 마인드로는 절대 견뎌내기 어려운 고통의 연속이다. 그럼에도 우리들이 이 과정을 헤쳐 나가는 이유는 성정이 독해서가 아니라 남다른 가치를 창출하기 위해서다. 우리는 절대 회사만을 위해 일하지 않는다. 회사나 자신의 가치가 가리키는 방향에 따라 움직일 뿐이다. 그리고 그것이 우리의 사고를 확장시키는 동력임이 분명하다.

　세계 최고의 스카치 위스키 글렌피딕Glenfiddich을 만드는 윌리엄그랜트앤선즈William Grant&Sons의 CEO 피터 고든Peter Gordon은 "지금 내게 주어진 역할과 회사 주식은 영원히 내 것이 아니라 일시적으로 나를 거쳐가는 것이다. 윗세대에서 넘겨받은 바통을 잘 관리하고, 더 좋은 상태로 만들어 다음 세대에 넘겨주는 게 내 역할이다."라는 말을 했다.[11] 그의 말대로 회사는 삶의 최종 목표가 될 수 없다. 이기적으로 들릴지 모르겠지만 회사보다는 지금의 우리를 위해 살아야 한다. 그리고 그것 역시 회사가 가치를 유지하는 생존비법이다.

경험의 단계에서
생략하지 말아야 할 단 한 가지는,
바로 고통스러운 순간이다.

# 최고라는 생각을
# 갖는 게 중요하다

정말 최고인 사람들은
최고의 위치에 오른 자들이 아니라
최고를 향해 질주하는 자들이다.

〈개그콘서트〉를 담당하는 서수민 PD가 이런 말을 한 적이 있다.

"지금 내가 하면 다를 수 있다는 것에서 출발해야 또 다른 새로움이 나온다."

매우 당돌한 주장처럼 들릴 수도 있지만, 나는 이 말이 비즈니스의 본질을 정확하게 지적한 표현이라고 생각한다. '우리가 최고다.'라는 생각은 반드시 필요하다. 직위와 직급으로 최고를 내세우라는 오만한 주장이 아니다. 우리가 가진 생각을 최고로 만들어내겠다는 의지의 표현으로 사용해야 한다. 비즈니스는 생각을 구현해내는 채널이다. 물론 생각은 대중의 주관에 따라 평가가 달라지기도 한다. 우리는 객관적인 확신으로

첫 번째 트랙 : 의외성을 포착하다

생각을 시작하거나 진행할 수 없다. 때로는 객관적인 확신보다 주관적인 '착각'이 필요하다. 미국 드라마 〈매드 맨Mad Men〉으로 에미상을 수상한 프로듀서 매슈 와이너Mathew Weiner도 그래서 "포기하지 않는 비결이 있다면, '이 작품이야말로 된다'는 착각에 빠지는 것이다."라고 말하지 않았는가.

최고라는 생각은 창의적 활동을 하는 과정에서 얻어진다. 자신의 생각을 남다른 비즈니스로 구현해가는 사람만이 그런 아름다운 착각도 할 수 있는 법이다. 더욱이 콘텐츠 업계에서는 창의적 활동을 멈추는 순간 바로 도태된다. 제조업의 경우는 관리직의 비중이 크지만, 콘텐츠 업계는 그렇지 않다. 생각은 관리의 대상이 아니기 때문이다.

그런 이유로 KBS 예능국에는 관리만 담당하는 직원이 존재하지 않는다. 국장인 나를 비롯해서 데스크 직원들까지 모두가 프로그램 한두 편씩을 총괄한다. 업무의 '무임승차자'를 없애기 위한 시스템이다. 그래서 프로그램 회의를 할 때도 '계급장' 떼고 시작한다. 아무리 국장일지라도 안건 없이 회의에 참석하면 부담감으로 좌불안석이 되곤 한다. 우리에게 직위의 승진은 있을지언정 직업의 승진은 존재하지 않는다. 새로운 프로그램을 공모할 때는 국장부터 신입 직원까지 철저하게 한 표의 권리를 행사한다. 실제로 경력이 부족한 PD의 아이디어가 프로그램으로 발전한 경우도 많다. 대표적인 예로 〈대국민 토크쇼! 안녕하세요〉의 이예지 PD는 이런 과정을 통해 발탁된 아이디어로 동기 중에서 가장 먼저 데뷔를

할 수 있게 됐다.

KBS 예능국의 이런 시스템은 글로벌 경영 컨설팅사 맥킨지McKinsey 에서도 찾아볼 수 있다. 맥킨지는 1년에 한 차례씩 모두 모여 '밸류데이 (value day, 가치의 날)' 행사를 여는데, 이 기간에 시니어 컨설턴트부터 신입 직원까지 모여 맥킨지의 가치가 잘 실현되고 있는지를 놓고 토론을 벌인다. 이때는 신입 직원이 20년차에게 쓴소리하는 장면도 심심치 않게 목격된다.

실력이 곧 정의다. 철저히 실력으로만 승부를 걸게 하면 구성원 각자 가 자신이 최고라는 생각을 할 수 있게 된다. 실력과 경쟁의 기준을 통과 했다는 자존감은 콘텐츠를 제작할 때도 여실히 드러난다. 콘텐츠 비즈니 스에서는 학벌이나 인맥, 돈 같은 화려한 스펙이 무의미하다. 경력이 출 중한 구성원들도 단지 자신의 '짬밥'으로 이뤄낸 결과가 아니라 실력을 통해 얻어낸 성과라는 생각에 더욱 철저한 준비를 할 수 있다. 탁월한 생 각만 가지고 있다면 승부가 가능하다. 누구 한 명도 잉여의 존재가 되지 않기 위해 노력하는 문화가 만들어질 때 스스로를 최고라고 생각하게 만 드는 기회도 부여되는 법이다.

때로는 냉정한 확신보다
아름다운 착각이 요구된다.

**1** 경험화 Experience

**2** 체계화
**Organize**

**3** 제작화 Produce

**4** 편집화 Edit

**5** 진화화 Evolve

의외성을 포착하다

**두 번째 트랙**

# 생각을 건져 올리다

생각을 '발명'하려고 하면 미로에 빠진다.
그러나 생각을 '발견'하려고 시도하면 지도가 보인다.

현장에 집약하다

의도를 세우다

가치를 확장시키다

## 당신은 세상을 어떻게 바꿀 수 있는가?
### - 구글 사의 채용 면접 질문 중 하나 -

●

생각thinking과 아이디어idea는 다른 개념이다. 생각은 광의의 개념이라 볼 수 있다. 우리의 머릿속에는 오만가지 생각들이 침투해 있다. 모든 생각이 아이디어가 될 수는 없다. 그중에서 내가 건져 올린 생각만이 아이디어가 될 수 있다. 그런 점에서 아이디어는 정제된 생각이라 표현할 수 있다.

생각을 건져 올려서 아이디어로 만들기 위해서는 생각을 '체계화'할 필요가 있다. 체계화에도 기준이 요구된다. 그렇다면 우리가 생각을 건져 올려야 할 조건, 즉 체계화의 기준은 무엇인가? 나는 그 기준을 '가치'라고 생각한다. 가치는 '쓸모 있는' 혹은 '욕구나 관심의 대상이나 목표'다. 우리가 만들 비즈니스에 쓸모 있거나 목표가 될 수 있다면 모두가 가치에 해당한다.

가치의 개념에 대해 역사학자 야콥 부르크하르트Jacob Christoph Burckhardt가 한 말이 있다.

"역사란 한 시대가 다른 시대에서 주목할 만한 가치가 있다고 생각한 일들에 관한 기록이다."

그렇다. 가치는 '주목'할 만한 것들을 말한다. 우리가 주목할 수 있는 모든 것들이 가치다. 그래서 가치는 획일화된 개념이 아니다. 가치는 사람이나 상황, 콘텐츠에 따라 다르게 적용된다. 혹자들은 교육, 정보, 사회 비판, 대안 제시처럼 가치를 대단하고 거대한 의미로만 사용하려고 하는데, 내 생각은 다르다. 상업적 이익도 소중한 가치라고 할 수 있다. 영화 〈범죄와의 전쟁〉, 〈타짜〉의 감독 최동훈은 "우리나라는 코미디를 가치 없다고 생각하고 빨리 씹고 버리는 게 큰 문제다. 나는 영화에 있는 가벼움과 하찮음도 정말 사랑한다."라고 자신만의 가치를 표현하기도 했다. 이렇게 하찮음과 가벼움의 매력에 빠진 그는 2012년에 〈도둑들〉로 한국 영화 최고 흥행작의 감독이 되어, 영화의 경제적 가치를 확장시켰다.

가치와 가치가 결합될 수도 있다. 2010년 〈남자의 자격〉은 합창대회를 콘텐츠에 담았다. 합창을 콘셉트로 잡은 이유는 두 가지였다. 첫 번째는 예능 프로그램의 성격상 재미를 위해서였다. 다수의 캐릭터가 충돌하고 조화되는 과정에서 재미를 얻을 수 있다고 보았던 것이다. 하지만 재미라는 가치만이 전부는 아니었다. 한국 사회에 내재된 다툼과 갈등을 해소하는 화합의 상징물을 만들고 싶은 의도도 중요했다. 재미와 화합이라는 가치를 내세우니 합창대회라는 아이디어로 정돈된 것이다.

두 번째 트랙에서는 생각을 아이디어로 체계화하는 과정을 담았다. 하나의 가치에 맞춰 아이디어로 발전시키는 과정에는 생각의 최초 단계와는 또 다른 태도가 필요하다. 이제는 생각을 좁힐(FIT) 필요도 있다. 생각을 우리가 가진 가치라는 기준에 맞춰야 하기 때문이다.

# 아이디어는 매뉴얼을 덮어야
# 비로소 구현된다

매뉴얼은 현재를 알려주는 보고서일 뿐, 미래를 말해주지 않는다.
미래를 만들고 싶다면 매뉴얼부터 덮어야 한다.
안전한 길은 과거로 가는 지름길이다.

전편보다 나은 속편이 없단다. 전편은 무에서 유를 만들어냈으니 조금의 성공도 크게 보인다. 하지만 속편은 유에서 시작하기에 아무리 잘 만들어도 흠부터 먼저 보인다. 그래도 간혹 전편보다 나은 속편을 만드는 감독들이 있는데, 대표적인 사람이 팀 버튼Tim Burton의 〈배트맨Batman〉을 이어받은 〈다크나이트The Dark Knight〉 시리즈의 크리스토퍼 놀란Christopher Nolan 감독이다. 그는 전편과 정반대로 영화를 진행했다. 세트 촬영 중심의 기존 스타일 대신 야외 촬영을 주로 진행했고, 만화 속 마을 같은 고담 도시를 지금 시대의 공간으로 바꾸면서 리얼리티를 높였다. 하물며 제목에서도 〈배트맨〉이란 용어를 버렸다. 그렇게 전편의 흥행 요소로 작용한 모든 매뉴얼을 버리고 나니 전 세계 흥행 수익 10억 달러가 넘는 새로운 신화가 열렸다.

나는 최근 EBS를 주목한다. 2012년 3월 프랑스 칸에서 열린 다큐멘터리 전문 마켓에서 〈한반도의 공룡〉이 사상 최고가에 판매되는 기록을 세웠고 그 외에도 〈문명과 수학〉, 〈생명 40억 년의 비밀〉, 〈인류 문명 탐험〉과 같은 다큐멘터리 콘텐츠가 각각 9위, 12위, 16위에 올랐다. 매우 주목할 만한 일이 아닐 수 없다.

원래 EBS는 안전한 방송사였다. 정부교육정책을 그대로 시행만 해도 별 문제없이 채널권을 보장받았다. 그래서 지금도 대부분의 시청자들은 EBS를 교육채널로만 인식하기도 한다. 하지만 EBS는 혁신을 선택했다. 기존 수능 방송을 외주 제작으로 돌리고 그 비용과 인력을 다큐멘터리 제작에 투자했다. 더욱 놀라운 점은 현장의 흐름에 따라 진행하는 취재 다큐가 아닌, 사전 제작 중심의 기획다큐를 선택했다는 사실이다. 더 많은 비용과 시간, 인력을 투자해야 하는데도 말이다.

언젠가부터 EBS는 스스로를 '지식채널'이라는 브랜드로 표현한다. 그 브랜드가 자신들이 그린 미래 설계도이기 때문이다. 만약 EBS가 기존의 수능방송 매뉴얼대로 운영했으면 지금쯤 어떤 위치에 있을까? 지금처럼 채널이 늘어난 시대라면 아마 EBS 채널의 무용론이 제기됐을지도 모른다. 케이블에서 채널을 차지하려 들었을지도 모른다. 하지만 EBS는 과거에 안주하기보다 미래로의 혁신을 택하여 달콤한 성과를 거뒀다.

페이스북의 창업자 마크 주커버그Mark Zuckerberg는 "무언가를 개선할 목적에서라면 이전에 존재하던 것을 깨트리는 것도 괜찮다."라고 선언하면서 SNS 플랫폼의 새 장을 열었다. '날개 없는 선풍기'로 유명한 영국의 가전업체 다이슨Dyson 사의 CEO 제임스 다이슨James Dyson은 현재의 매뉴얼인 시장조사마저 하지 않는다.[1]

"시장조사는 기껏해야 '고객이 아마도 이런 것을 원할 것'이라는 추측 밖에 얻을 수 없다. 대개 그 예측은 틀린다."

한국 엔터테인먼트의 대가에게서도 일맥상통한 주장을 찾아볼 수 있다. 과거 MBC 〈일요일일요일밤에〉, 〈남자셋여자셋〉, 〈세친구〉 등을 연출했던 송창의 CJ미디어 센터장은 매번 "안 하면 안 했지, 있던 공식대로는 절대 안 하겠다."는 마음가짐으로 프로그램을 준비한다.[2] 〈올드보이〉, 〈공동경비구역 JSA〉의 박찬욱 감독의 고민은 더욱 간절하게 다가온다. 다음은 그가 2009년 칸 국제영화제 기자회견장에서 한 말이다.

"새로운 것을 추가하는 것보다는 전통과 역사 속의 클리셰cliche를 빼는 것이 더 중요하다고 봤다."

클리셰란 영화 용어로 '진부한 표현'을 일컫는다. 콘텐츠를 접하다 보면 너무나도 쉽게 다음 상황이 예측되는 경우가 있다. 이유는 매우 당연하게도 진부해서다. 예측 가능한 캐릭터나 스토리텔링에서 벗어나지 못한다면, 우리는 절대로 대중을 만족시킬 수 없다. 생각이 과거의 경험을 토대로 시작된다면, 아이디어는 과거의 흔적을 지워내면서 발전한다. 생각은 매뉴얼을 복기하면서 진행되지만, 아이디어는 매뉴얼을 덮어야 비로소 구현될 수 있다.

▼

# 지상에 완전히
# 새로운 것은 없다

우리는 간혹 자체 검열의 함정에 빠진다.
스스로 생각을 가둬버리고 아이디어를 재단하는 경우도 많다.
그런데 어느 누군가는 우리가 버린 그 아이디어로 성공 문턱에 오르기도 한다.

▼

때로는 우리 스스로 지나치게 '안정'을 추구하려 들 때가 있다. 경쟁이 없는 시장만을 추구한다. 하지만 세상에 경쟁이 없는 시장은 존재하지 않는다. 파고들어보면 실상 모두가 레드오션red ocean이고 블루오션blue ocean은 실재하지 않는다는 의미다. 블루오션만 추구하는 생각은 환상에 가깝다. 그리고 그보다 더 위험한 태도는 생각의 단계에서 미리 이 아이디어를 레드오션이라 치부하면서 상상의 문을 닫는 경우다. 이른바 자체 검열을 하는 것이다.

정작 우리에게 필요한 것은 생각을 많이 떠올리려는 적극성이다. 노벨 평화상과 화학상을 수상한 라이너스 폴링Linus Pauling도 "좋은 아이디어를 얻는 최선의 방법은 최대한 많은 아이디어를 떠올리는 것이다."라

두 번째 트랙 : 생각을 건져 올리다

고 말하지 않았던가.

한때 예능계에서는 '연애 프로그램'을 레드오션이라 평가했다. '연애 프로그램'이란 청춘 남녀가 등장하는 버라이어티 프로그램을 말하는데, 강호동이 MBC에서 진행한 〈천생연분〉, KBS에서 방영한 〈장미의 전쟁〉 등이 대표작이다. 실제로 2008년 KBS 〈꼬꼬관광 싱글♥싱글〉이 저조한 시청률을 기록하고 조기종영됐을 때까지만 해도 그런 평가가 맞는 듯했다. 하지만 MBC의 〈우리 결혼했어요〉와 SBS의 〈짝〉이 대성공을 거두자 그런 평가는 무색해졌다.

소재가 익숙하다고 구성까지 익숙한 것은 아니다. 외국인들을 출연시킨 프로그램은 그동안 많았다. 하지만 〈1박2일〉 '외국인 노동자 특집' 편은 구성이 남달랐다. 동해 바다에서 새해 소원도 같이 빌고, 한국에서 고생했던 이야기도 나누다가, 마지막에 고향의 가족과 상봉하는 스토리텔링을 구성했다. 이전까지는 다소 작위적인 방식으로 외국인들의 지극히 밝은 모습과 장기자랑에만 치중했는데, 기존 구성에서 벗어나 솔직한 모습에 초점을 맞추니 대중에게 벅찬 감동을 주었고 상당한 화제가 됐다. 시청률 상승은 물론, 세간의 화제가 되어 2011년 한국방송대상 연예오락 부문의 대상에까지 오르게 하는 데 기여했다.

영국 BBC에 '애니멀 플래닛'이라는 채널이 있다. 24시간 내내 동물만 나오는 채널이다. 그래서 매 시간 다큐멘터리 중심의 프로그램만 방송될 거라 생각했는데, 예상과는 달랐다. 대표적으로 몽구스가 나오는 동물 시트콤이 있다. 미어캣 가족이 주인공인데, 엄마는 헬레나고 딸은 엘리자베

스다. 딸이 반항해서 집을 뛰쳐나가 혼자 사는 장면도 나온다. 모두 스태프들이 지어준 이름이고 스토리다. 사람은 한 명도 출연하지 않고 동물만 나오는데도 매우 흥미로운 한 편의 시트콤이 탄생했다. 동물 버라이어티 프로그램도 이에 못지않게 재미있다. 도전 의식으로 뭉친 진행자들이 뱀, 호랑이 같은 동물들과 기막힌 대결을 펼치는 콘셉트다. 동물이라는 소재만으로도 '어떻게' 만드느냐에 따라 오만가지 장르가 탄생할 수 있음을 보여주는 채널이다.

2013년 상반기, 누구도 예측하지 못했던 1000만 관객 돌파의 기적을 이룬 영화 〈7번방의 선물〉도 주의 깊게 살펴봐야 한다. 이 영화를 제작한 김민기 제작자와 이환경 감독은 〈매거진 M〉과의 인터뷰를 통해 "모두들 지금 시대에 신파는 안 어울린다고 생각한다. 하지만 역발상으로 요즘 시대에 맞는 신파를 만들어냈다."고 말했다. 실제로 〈7번방의 선물〉이 거둔 대박 신화는 신파가 현 시대에 뒤떨어진 낡은 감성이라고 주장하는 갇힌 사고를 일순간에 깨버렸다.

아이디어는 소재에 한정되지 않는다. 새로움은 소재의 차원을 넘어선다. 얼마큼 많이 생각하느냐에 따라 아이디어는 새로워질 수 있다. 생각을 쉽게 닫아버리면 안 된다. 때로는 위험한 생각이 확장되어 세상을 감탄시키는 아이디어로 전환될 수도 있기 때문이다. 생각은 숙성될수록 진화한다.

# 브랜드가
# 트렌드를 이끈다

트렌드는 정점에 도달한 문화다. 정점을 찍으면 더 이상 오를 곳이 없다.
현재의 트렌드보다 반보 앞선 아이디어가 필요하다.
그 힘은 브랜드에서 나온다.

일본 소프트뱅크의 손정의 회장은 누누이 이렇게 주장한다.

"시대를 쫓아서는 안 된다. 읽고, 준비하고, 기다려라."

이 주장은 시대를 읽지 말라는 의미가 아니다. 시대를 읽고, 다음을 준
비하라는 의미일 것이다.

언젠가부터 KBS 〈개그콘서트〉를 보지 못하면 대화에 끼지 못하는 시
대가 됐다. 남녀노소를 불문하고, 지역과 정치색을 초월하여, 〈개그콘서
트〉의 유머와 언어는 우리를 매번 박장대소하게 만든다. 감히 대한민국
코미디의 중심이자, 상징이라 말하고 싶다.

〈개그콘서트〉는 1999년에 탄생했다. 원래 개그맨 백제현이 캐나다의

한 코미디 프로그램에서 영감을 받아 대학로 무대에 올리던 콘텐츠다. 당시 KBS 예능국의 박중민 PD가 이 콘텐츠를 방송으로 편성할 수 있을지 유심히 검토했다. 획기적인 아이템이었지만, 방송 콘텐츠로서의 확신은 서지 않았다. 가장 큰 이유는 세트가 없다는 점이었다. 기존 코미디는 세트 중심인데, 〈개그콘서트〉는 세트가 아닌 현장 공개홀 무대에서 진행해야 했다. TV의 대중들은 화려한 세트와 장면 전환에 익숙한데 이런 연극적 구성이 가능할지 고민됐다. 더욱이 무대에서 관객과 호흡해야 할 개그맨들도 부담이 클 것으로 판단됐다. 다행히 개그맨 김미화와 전유성이 후배 개그맨들과 함께 적극 찬성하고 나서면서 대장정을 시작할 수 있었다.

〈개그콘서트〉는 생각보다 험난한 길을 걸어왔다. 이 콘텐츠는 매번 수많은 위기와 부침을 거듭하며 성장했다. 한번은 출연하던 개그맨들의 대부분이 타방송사로 이동한 적도 있었고, 방송심의에서 여러 번 경고를 받아 출연자들 스스로가 위축되기도 하였으며, SBS의 〈웃음을 찾는 사람들〉에 한동안 우위를 빼앗기기도 했다. 하지만 그런 위기를 거치면서 〈개그콘서트〉는 진화해나갔다. 트렌드에 맞는 개그, 익숙한 개그에서 반걸음 나아간 행보를 보이면서 결국은 대한민국 대표 브랜드가 됐다. 그것이 〈개그콘서트〉의 생존력인 것이다. 다행스럽게 위기 뒤에는 선물이 따라왔다. 트렌드의 변화 속에서 〈개그콘서트〉는 자신만의 브랜드 가치를 창조했다. 그래서 이제는 〈개그콘서트〉의 새로운 코너가 등장했다는 소식 하나만으로도 세간의 화제가 되는 것이다.

자동차 디자인의 세계적 거장인 피터 슈라이어Peter Schreyer는 2012년 한국경영학회 통합학술대회에서 "위기 속에서 빛나는 게 바로 브랜드다."라고 주장했다. 트렌드는 시류에 따라 파도를 타지만 브랜드는 초연하다. 트렌드를 장악하면 순간이 달콤하지만, 브랜드를 창조하면 오랜 시간 따듯하다. 2012년 세계를 뒤흔든 최고의 K팝 뮤지션 싸이도 한 강연에서 "트렌드보다는 브랜드를 만들어야 한다."고 자신의 신념을 밝힌 바 있다.

트렌드를 분석하는 시간은 분명코 유의미한 일이다. 하지만 트렌드에 휩쓸려 가는 것은 뒤늦은 일에 불과하다. 우리는 매번 트렌드보다 앞선 생각의 걸음을 내디뎌야 한다. 트렌드를 주도할 브랜드를 만들어내는 것이 우리의 역할이다.

# 충치 무섭다고 달콤한 사탕을 거부할 이유는 없다

나무는 햇볕을 원하지만 비와 바람을 견디는 법도 알고 있다.
아이디어에 햇볕이 내리쬐길 원한다면 우선 비와 바람 앞에 내놔라.
비와 바람을 견딘 아이디어만이 수목처럼 성장할 수 있다.

증권가의 속설 중, '이미 드러난 악재는 더 이상 악재가 아니다.'라는 말이 있다. 예고된 악재는 대비할 수 있는 기회를 주기 때문이다. 따라서 아이디어에 확신이 든다면 주변에서 들려오는 문제제기에 흔들릴 필요가 없다.

2011년 〈1박2일〉에 MC몽을 대신하여 배우 엄태웅이 출연한다고 하자 무리수 아니냐는 여론이 팽배했다. 기존 멤버들과 조화를 이룰 수 있겠냐는 걱정부터 시작해서 왜 좋은 배우를 예능 프로그램에 출연시키느냐, 앞으로 그의 연기를 볼 때 예능 프로그램의 이미지가 떠오르면 본인에게 손해가 되지 않겠냐는 등등의 문제제기였다. 나영석 PD가 엄태웅을 선택한 이유는 그가 갖고 있는 순수함과 예능 콘텐츠에 노출된 경험이 적다는 신비감 때문이었다. 결과적으로 그의 선택은 옳았다. 엄태웅의 호감도는 방송 출연 후 급상승했고, 다음 드라마와 영화였던 〈적도의 남자〉, 〈건축학개론〉의 대성공으로까지 이어졌다.

2012년 최고 시청률 42.3%를 돌파한 MBC 〈해를 품은 달〉이란 드라마는 3년 동안 방송국을 떠돌던 콘텐츠였다. 원작의 낮은 지명도와 가상의 왕조를 다룬 점, 그리고 아역의 비중이 높다는 점 등이 문제점으로 지적되어 방송국에서 큰 환영을 받지 못했다. 하지만 〈해를 품은 달〉의 김도훈 PD와 진수완 작가는 원작의 낮은 지명도를 오히려 신비감으로 부각시켰고, 가상의 왕조라는 약점을 판타지 드라마로 반전시켰으며, 걸출한 연기력을 보유한 아역 배우를 캐스팅해서 결과적으로 신드롬에 가까운 성공을 거두었다.

음반 프로듀서이자 사진 작가이며 영화 제작자로도 명성이 높은 데이브 스튜어트Dave Stewart는 "커다란 문제는 작은 이익에 대한 생각을 버리고, 더 큰 아이디어를 꿈꾸도록 돕는다."고 말한다.[3] 대중의 여론은 절대로 무시할 수 없다. 아이디어 진행 과정에서 제기되는 다양한 문제점들은 적극적으로 수용하고 보완해야 할 사항이다. 다만 그 과정에서 아이디어를 쉽게 포기하는 일은 없어야 한다.

내가 1992년에 〈지구촌 영상음악〉을 시작할 때의 일이다. 〈지구촌 영상음악〉은 해외 뮤직비디오를 최초로 공중파 방송국에서 방영한 콘텐츠다. 당시 해외 뮤직비디오에 삽입된 폭력적 장면이나 선정적인 부분을 우려하면서 무수히 많은 지적을 받았다. 그때 내가 내세웠던 주장은 하나였다.

"충치 무섭다고 달콤한 사탕을 거부할 필요는 없다."

이와 함께 여론을 수용하여 뮤직비디오를 심의할 수 있는 자체 기구를 조직했고, 그 결과 선정성이나 폭력성에 대한 시비는 곧 사라지게 됐다.

여러 생각이 하나의 아이디어로 집약되고, 그 아이디어가 제작과 편집을 거쳐 세상에 공개될 때까지 우리는 수많은 의견을 접하게 된다. 주로 박수보다 비판의 목소리가 많을 것이다. 당연한 반응이라고, 그만큼 많은 관심을 받고 있다는 증거로 생각하길 바란다. 그리고 그 비판들을 가슴 깊이 새기며 문제를 해결할 수 있는 반전의 기회로 사용하자. 겨울이 되어 날씨가 추워진 연후에야 비로소 소나무와 전나무가 얼마나 푸르른가를 알 수 있다고 《논어論語》에도 나와 있지 않는가.

트렌드는 시류에 따라
파도를 타지만
브랜드는 언제나
초연한 법이다.

▼

# 구차한 장식은
# 오히려 구리다

대중을 논리적으로 가르치려 들면 복잡해지기만 한다.
데코레이션decoration이 복잡할수록 커뮤니케이션communication은 어려워지는 법이다.

▼

20세기 최고의 과학자 아인슈타인이 말했다.

"논리학은 너를 A에서 B로 이끌 것이다. 그러나 상상력은 너를 어느 곳이든 날 수 있도록 도와줄 것이다."

MBC 〈무한도전〉이 처음 탄생했을 때, 소와 힘 대결을 하고, 목욕탕에서 물 빼기 시합을 하는 걸 보고 "도대체 왜 저런 프로그램을 토요일 황금 시간대에 방송하는 거지?" 하며 방송 관계자들은 헛웃음을 쳤다. 프로그램 안에서 논리도 개연성도 찾을 수 없었기 때문이다. 게다가 1년 동안 시청률이 한 자리수로 바닥을 기고 있었음에도, 〈무한도전〉의 무모함은 좀처럼 사그라들지 않았다. 몇 달 동안 '생고생'을 하며 봅슬레이나 조정을 타고, 도로 한복판에서 정체 모를 미션을 가지고 추격전을 벌이며, 출연자들끼리 형과 동생을 가르자며 잠실체육관에서 대결을 벌이기도 했다. 그런데 신기한 일이 벌어졌다. 어느새 대중은 '대한민국 평균 이하'라고 외치는 멤버들에게 열광하며 이를 연출하는 김태호 PD에게 매주 탄성의 박수를 보내기 시작한 것이다. 결국 최고 시청률 30%를 돌파했고, 20~30대의 시청자들을 마니아로 만들었으며, 달력 등의 상품을 만들어서 며칠 만에 몇 십억대의 수익을 얻기도 했다(물론 수익금은 전액 기부한다). 이 현상을 어떻게 논리적으로 설명할 것인가. 멤버 정형돈은 한 방송분에서 "예능을 논리로 풀면 답 없지."라는 말로 자신들의 정체성에 대해 너스레를 떨었다. 우리에게는 마케팅 전문가 알 리스Al Ries의 "마케팅은 논리가 아닙니다."라는 말처럼 새롭게 다가온 한마디였다.

2012년 MBC 파업은 〈무한도전〉의 브랜드가 또 다른 방향으로 성장하는 계기가 됐다. 일곱 명의 멤버들은 방송이 제작되지 않은 6개월 동안 일주일에 한 번씩, 자신들의 사비로 구한 사무실에 모여 아이디어 회의를 진행했다. 팬들은 〈무한도전〉이 보고 싶다며 '쫌 보자, 무한도전'이란 길거리 퍼포먼스를 펼쳤다. 한 편의 예능 프로그램이 이 정도의 영향력을 행사한 예는 역사상 한 번도 없었던 것 같다. 이렇듯 〈무한도전〉은 프로그램뿐 아니라 콘텐츠를 둘러싼 반응조차 논리적으로 분석할 수 없을 정도로 성장했다.

하지만 〈무한도전〉이란 콘텐츠를 논리가 아닌 감성적 시선으로 살펴보면 이런 현상을 이해할 수 있다. 장기간 함께 고생하며 무모한 도전을 펼치고, 매번 새로운 기획으로 대중을 실망시키지 않는 노력을 통해 대중과 스태프들은 가족이 된 것이다. 가족 간에 논리 따위가 대수겠는가?

우리는 가끔 지나치게 논리에 집착한다. 공감은 논리보다 감성적 요인에 좌우될 때가 더 많은데도 말이다. 영화 〈7번방의 선물〉은 어린 아이가 교도소를 들락거리고, 애드벌룬으로 탈출을 시도하는 등 개연성이 부족하다. 하지만 그것은 이환경 감독이 의도한 바이기도 하다. 그는 오히려 개연성의 제약에서 벗어나 자기만의 방식으로 콘텐츠를 재구성했다. 관객이 원하는 것은 공감에 기반을 둔 가슴 따뜻한 판타지라고 생각했기 때문이다. 우리가 논리에 집착하다 보면 내용보다 장식에 눈독을 들이게 된다. 아이디어에 확신이 서지 않으면 고생한 '티'와 노력한 '척'만 내세우는 우를 범하기도 한다. 아이디오의 공동 설립자 중 한 명인 마이크 너톨Mike Nuttall의 "좋은 디자인에는 개발에 들어간 노력이 보이지 않아야 한다."는 주장은 그래서 의미심장하다. 장식은 본질을 감추는 법이다. 구차한 장식은 구리다.

대중은 놀라울 정도로 현명하다. 그들의 눈은 현란한 장식에 현혹될 정도로 어리석지 않다. 대중과의 논리 싸움에서 이기기란 쉬운 일이 아니다. 그렇다면 차라리 감성적으로 대중의 품에 안기는 게 바람직하다. 대중은 우리에게 설득당하길 원하지 않는다. 다만 감동받기를 원할 뿐이다. 그래서 우리는 대중을 논리적으로 가르치려 들지 말고 감성적으로 공감할 준비부터 해야 한다.

# 단 한 명조차 만족시키지 못한다면
# 그 누구도 만족시킬 수 없다

나와 함께하는 단 한 명도 설득시키지 못하면서
어떻게 대중을 내 편으로 만들 수 있겠는가.
설득은 지금 내 옆의 한 명에서 출발해야 한다.

차태현은 〈1박2일〉에 고정으로 출연할 마음이 전혀 없었다. 일단 워낙 시청률이 높은 프로그램이라 부담감이 앞섰다. 더욱이 직업이 영화배우이기에 스케줄상의 문제도 많았다. 솔직하게 고백하자면 내가 워낙 차태현이란 사람의 팬이었고, 그가 갖고 있는 잠재력이 탐났다. 계속된 캐스팅 제의와 연이은 고사가 이어지다가, 단박에 문제가 해결됐다. 알고 보니 그의 아내가 〈1박2일〉의 굉장한 팬이었기 때문이다. 차태현은 콘텐츠를 선택할 때 가장 먼저 아내의 의견을 듣는다. 그녀가 남다른 눈을 가지고 있어서기도 하지만, 진짜 이유는 다른 데 있다. 자신을 제일 잘 알고 항상 곁에 있는 단 한 사람마저 만족시키지 못한다면 그 누구도 만족시킬 수 없다는 것이 그의 신념이기 때문이다. 영화배우 송강호도 "천만 관객을 감동시키는 것과 한 사람을 감동시키는 것은 근본적으로 같은 것이다."라고 유사한 고백을 한 적이 있다.

2005년 MBC 〈대장금〉이 정점의 히트를 친 이후 한류 드라마가 잠시 주춤하는 기색이 보인다. 물론 중국 등의 나라에서 수입 제한 정책을 쓰는 등 견제 때문이라곤 하지만 그것만이 전부는 아닌 것 같다. 기획 단계에서부터 너무 타깃을 확대하는 건 아닌지 우려가 든다. 한국에서 제작되는 드라마는 우선 국내 시청자들을 만족시켜야 한다. 제작비를 해외에서 충당한다고 해서 해외 시청자들을 먼저 품어 안아야 한다는 생각은 독毒이 될 수 있다. 장근석이란 걸출한 한류 스타와 윤석호라는 대단한 한류 드라마 PD, 그리고 〈가을동화〉의 오수연 작가가 만났으면서도 드라마 〈사랑비〉는 국내에서 시청률 10%를 채 못 넘기면서 고전을 면치 못했다. 물론 시청률로 해당 드라마의 모든 것을 평가할 수는 없겠지만, 애당초 〈사랑비〉는 흥행을 목적으로 한 대중 드라마가 아니었던가. 〈뽀롱뽀롱 뽀로로〉로 4,000억 원 이상의 가치를 만들어낸 기획자 최종일은 "한국에서 성공해야 해외에서도 성공할 수 있다."라며 글로벌 콘텐츠를 제작하려는 우리에게 가르침을 준다.[4] 씨스타, 케이윌 등이 소속된 스타쉽 엔터테인먼트의 김시대 대표 역시 "한국에서 히트해야 다른 나라에서 히트하지, 해외에서 아무리 열심히 해도 국내에서 인기가 없으면 해외에서도 한계가 있다."고 말했다.[5]

최근 K팝 관계자들도 한국 팬들보다 해외 팬들을 겨냥하여 제작하는 모습이 보이는데, 우리만의 콘텐츠를 믿고 한국 팬들에게 집중해줬으면 좋겠다는 생각이 든다. 2012년 가수 싸이가 '강남스타일'로 해외에서 인기를 모아 엄청난 가치를 한 번에 만들어냈는데, 그것이 가능했던 힘은 국내 팬들의 열광적 반응에서부터 시작됐음을 잊지 말아야 한다.

아이디어를 편집하고 공개하는 단계가 되면 타깃을 확대하는 것이 바람직하다(이 부분은 네 번째 트랙에서 본격적으로 이야기하도록 하자). 하지만 아이디어를 기획하는 단계에서는 우선 타깃의 초점을 맞추는 것이 먼저다. 처음부터 추상적인 집단을 대상으로 기획하는 일은 아이디어의 진행을 막을 수도 있다. 지금 당신의 곁에 있는 한 사람이 최초의 대중이될 수 있음을 기억하고, 우선 그를 만족시켜라. 그것이 바로 대중성의 기준 척도다.

▼

# 우연을 필연으로 바꾸는 힘은
# 시스템에서 나온다

우연에 의해 탄생한 아이디어는 지속성을 갖지 못한다.
아이디어는 필연적 결과물이기 때문이다.

▼

KBS는 거대한 공룡 조직일 것 같지만 실상은 전혀 그렇지 않다. 국민들의 수신료로 운영되는 공영 방송국이라서 프로그램 제작비도 타 방송사에 비해 적은 편이다. 그래서 타 방송사의 영입 1순위가 KBS 스태프들이다. 2011년 종합편성 방송국이 등장할 무렵 〈1박2일〉의 이명한 PD, 〈개그콘서트〉의 김석윤 PD 등 총 13명의 인원이 타 방송국으로 옮겼다. 출연료도 다른 방송국보다 적은 편이라서, KBS가 발굴한 출연자들의 이동도 자주 있는 편이다. 한번은 〈개그콘서트〉의 출연진 중 핵심 인력들이 타방송사로 단체 이적한 적도 있었다. 〈1박2일〉의 강호동은 타 방송사로부터 수억 원대의 출연료를 제안받았다고 하는데, KBS에서는 절대로 이 정도의 '파이트 머니fight money'를 준비하지 못한다.

애초부터 KBS 예능국은 시스템 중심으로 운영됐다. 겉만 공룡처럼 보이는 거대기업이지, 속은 벤처기업처럼 작고 빠르게 움직이는 조직체라는 소리다. 그래서 구성원이 이탈하더라도 그리 큰 문제가 생기지 않는다. 13명의 주전급 PD가 떠났지만 프로그램의 완성도나 시청률 측면에서 큰 혼란을 겪지 않았다. KBS 예능국은 매번 스타급 PD나 출연진에게 많은 비용을 투자하는 대신 사람을 키우는 전략을 선택한다.

KBS 예능국은 2012년 12월 현재 100명 정도의 PD들이 27개 프로그램을 제작한다. 인적 인프라가 타 방송사에 비해 풍부한 편이다. 그리고 이들을 교육하는 시스템은 무조건 실전 중심이다. 한 프로그램에 여러 명의 공동 PD가 달라붙어 매주 치열한 전투를 벌인다. 책임도, 권리도 공동으로 지닌다. KBS 예능국의 모든 콘텐츠는 시스템이 만들어낸 결과물이다. 이런 시스템을 갖추면 구성원의 공백에도 유연하게 대응할 수 있다. 〈1박2일〉을 기획한 이명한 PD가 장기간 해외 연수를 떠나자 오랫동안 그와 함께한 나영석 PD가 최전선에 나섰고, 시청률은 하락이 아닌 상승을 기록했다. 간혹 KBS의 스타급 PD를 영입하면 단번에 시청률 높은 콘텐츠가 제작될 수 있다고 생각하는데, 이는 오판이다. 중요한 것은 파이트 머니가 아니라 '파이팅 시스템fighting system'이기 때문이다.

SM의 이수만 회장은 하버드 비즈니스 스쿨의 강연에서 엔터테인먼트 산업을 '초고위험-초고수익 산업'으로 표현했다.[6] 우연과 일회성에 의해 좌우될 가능성이 높기 때문이다. 그래서 SM이 선택한 전략도 시스템 구축이었다. SM에서 매번 대단한 스타들이 잇달아 등장하는 것도 시스템 구축의 성과다. 시스템은 우연과 일회성을 필연과 지속성으로 바꿔내는 원동력이다. 리더십 전문가인 닐스 플레깅Niels Pflaging이 "우리에게 필요한 것은 더 나은 CEO가 아니라 더 나은 조직 시스템이다."라는 주장은 그래서 적절하다.

그간 흥망성쇠를 거듭했던 콘텐츠와 플랫폼의 역사를 둘러보자. 대히트를 쳤던 콘텐츠나 플랫폼이 하루아침에 무너지는 상황을 얼마나 많이 목도해 왔던가! 이는 대개 시스템을 탄탄하게 구축하지 못한 결과다. 아이디어도 시스템을 갖춘 집단이 더 현명하게 건져낸다. 아이디어 역시 우연에 의해 탄생하는 게 아니기 때문이다.

두 번째 트랙 : 생각을 건져 올리다

# 인재는
# 내일 만들어진다

사람을 오늘의 가치로 평가하는 것만큼 어리석은 일은 없다.
사람은 하루하루 성장해가는 진화의 존재이기 때문이다.

"당신이 진정 위대한 기업을 만들고 싶다면 시간의 50% 이상을 사람에
관련된 일에 쓰십시오."

K팝 열풍을 주도하고 있는 건 당연하게도 SM, YG, JYP 등의 연예기
획사다. 이들의 성공 전략을 살펴보면 밀리언셀러 작가이자 경영사상가
인 짐 콜린스Jim Collins의 위와 같은 조언이 떠오른다.[7] 한국의 연예기획
사들은 세계의 어떤 대기업보다도 사람에 가장 많이 투자하기 때문이다.
해외 연예 비즈니스가 스타를 '발굴'하거나 '영입'하는 데 중점을 둔다
면, 한국의 연예기획사들은 인재를 '양성'하거나 '성장'시키는 측면으로
접근한다. 해외 연예기획사는 음악 실력이 우수한 인재를 선발해서 음반

을 발매할 뿐이다. 성장은 뮤지션들이 스스로 책임져야 한다. 하지만 한국의 연예기획사들은 가능성과 잠재력에 중점을 두고 사람을 선발한 뒤 장기간 훈련을 시킨다. 보컬과 안무 트레이닝이 전부가 아니다. 해외 진출에 대비하여 영어, 일본어, 중국어 등의 필수적 외국어도 가르친다. SM의 경우 자신의 향상 수준을 매주 1회 촬영하여 피드백을 받는다. YG는 매주 양현석 대표의 매서운 눈앞에서 심사를 받아야 한다. 이렇게 치열한 훈련을 수료한 후에야 데뷔하니 K팝 스타들이 남다른 실력을 보여줄 수 있는 것이다.

최근의 한국 연예기획사들은 글로벌 인재를 확보하기 위해 세계로 나아가고 있다. 이미 JYP의 미쓰에이에는 페이와 지아라는 중국인 멤버가 참여했고, SM의 에프엑스에도 중국인 빅토리아와 대만인 앰버가 속한 상태다. 이들도 능력을 보고 발탁한 게 아니다. 그들의 잠재성을 믿고 수년간 양성한 것이다. 또한 한국 연예기획사들은 글로벌 인재를 스태프로도 참여시키고 있는데, SM은 세계적인 작곡가 집단과 네트워크를 형성하고 있다. 대표적으로 소녀시대의 '소원을 말해봐'는 노르웨이의 4인조 작곡그룹 디사인 뮤직Dsign Music의 작품이고, 2013년 론칭한 '아이 갓 어 보이'는 북유럽 작곡가 집단인 캠프 판타지아Camp Fantasia의 성과물이다.

한국 연예기획사의 인재 시스템을 낯설게 보는 시각이 많다. 하지만 성장 위주의 인재 시스템은 원래부터 한국 기업이 가졌던 특유의 문화다.

기업은 인재를 성장시키는 가장 훌륭한 학교였고, 그 문화가 한국경제를 성장시켰다. 따라서 K팝 열풍은 한국의 전통적인 인재 시스템이 만든 결과로 봐도 좋을 것 같다.

'할인율割引率'이란 경제 용어가 있다. 미래의 가치를 현재의 가치와 같게 하는 비율을 말한다. 나는 인재를 바라보는 관점에도 할인율을 적용할 필요가 있다고 생각한다. 현재의 능력으로만 사람을 평가해서는 안 되고, 미래적 가치나 잠재성이 더 중요하다고 생각하기 때문이다. 아울러 그들을 위한 시스템도 필요하다. 그들이 유망주로만 끝나지 않도록 교육 시스템을 구축해야 한다. 처음은 어렵다. 하지만 시스템은 자발적으로 성장해나가는 특성이 있기에, 한번 구축해놓으면 놀라운 결과를 우리에게 안겨줄 수 있다. 한국의 대형 연예기획사들이 K팝 열풍을 주도하듯이 말이다.

또한 인재를 양성하려면, 그들을 손과 발이 아닌 머리로 키워야 한다. 머리를 맡았던 인재는 손발의 역할을 맡아도 무리 없이 능력을 발휘하지만, 손발 역할만 하던 사람은 머리의 역할이 주어질 때 헤매기 때문이다. 〈순풍산부인과〉와 〈거침없이 하이킥〉으로 유명한 시트콤 거장 김병욱은 "훌륭한 조연출이 훌륭한 연출자가 되는 건 아니다."라고도 말했다.[8]

KBS 예능국 시스템의 핵심은 두 가지다. 첫 번째는 철저한 도제 시스템이다. 후배는 사수인 선배의 등 뒤에서 모든 업무를 배운다. 나 역시도 진필홍 PD라는 걸출한 사수가 있었기에 성장할 수 있었다. 도제 시스템은 산업화 시대를 맞아 낡은 제도로 인식되면서 잠시 휴지통에 버려진 적이 있었지만 인재를 양성하는 가장 확실한 방법으로 다시 재조명받고 있다. 특히 〈개그콘서트〉는 도제 시스템의 장점을 극대화한 콘텐츠인데, 개그맨 송준근의 말이 이를 잘 대변한다.

"선배들이 평소 후배들이 뭘 잘하는지 눈여겨봤다가 적절한 코너에 함께할 기회를 준다. 후배들은 선배들의 노하우를 하나하나 전수받으면서 어느덧 자기 것으로 만든다."

KBS 예능국의 두 번째 핵심은 가족적인 조직문화다. 전 구성원이 서로를 형, 동생이라 부를 정도로 친밀하기에 분주한 일정 속에서도 하나가 될 수 있다. 가족 시스템의 위력은 2012년 파업 이후에 효과가 증명됐다. 보통 파업 후에는 참여한 인원과 참여하지 않은 구성원 사이에 묘한 감정적 기류가 흐르는데, KBS 예능국은 그런 후유증이 없었다. 갈등이 있다가도 이내 화해하는 것이 가족 아닌가.

도제 시스템과 가족 시스템을 제대로 운영하기 위해서는 서로를 손발이 아닌 머리로 대해야 한다. 내 목표만을 위해 동료를 손발로 대하면 조직은 금세 위태로워진다. 각각의 부문에서 서로가 머리의 역할을 맡을 수 있도록 방향을 안내해주어야 한다.

2007년, 김광수 PD는 새로운 예능 프로그램을 만들고 싶다는 생각에

두 번째 트랙 : 생각을 건져 올리다

'학교 버전'의 콘셉트로 〈해피투게더〉 시즌 3를 시작했다. 하지만 기존 시즌 2에 익숙한 대중은 낯설다는 반응을 보였고, 초반 시청률도 저조했다. 그러자 우리 머릿속에 이 프로그램을 수술할 수 있는 온갖 아이디어가 떠올랐다. 하지만 이내 그런 방법은 바람직하지 않다는 판단을 내렸다. 우리의 아이디어로 개선하더라도 몇 개월 정도의 혁신 기간이 요구된다. 그렇다면 차라리 김광수 PD가 스스로 문제를 분석하고 해결하는 것이 더 바람직하다. 현명한 김광수 PD는 곧 목욕탕에서 펼쳐지는 '정' 중심의 토크쇼로 프로그램을 재정비했고, 〈해피투게더〉 시즌 3는 결국 시청률 20%를 상회할 정도로 히트를 치게 됐다.

리더십 스토리텔러 김성회는 "진정성 있는 상사는 결코 탑의 꼭대기에 위치하지 않는다. 원의 중심에 서서 현장과 사방팔방 교류한다."고 했다.[9] 조직 시스템은 피라미드 형태가 되면 안 된다. 서로를 머리로 치켜 세워주는 문화가 기저에 형성되어야 한다. 그리고 머리와 손발 역할은 순환되어야지 고정되면 안 된다. 누군가가 나를 위해 손발이 되어주었다면, 다음에는 내가 그를 위해 손발이 되는 역할을 맡도록 시스템이 정비되어야 한다. 시스템은 배려와 섬김의 조직 문화 안에서 절정의 기운을 뿜어내기 때문이다. 그런 시스템 속에서 내일의 인재가 만들어지게 된다.

▼

# 멘토보다
# 티퍼가 필요하다

단 한 명에게 그가 가진 모든 지식을 깊이 배우는 것보다,
보다 많은 사람들의 짧은 조언을 듣는 게 우리의 생각을 풍요롭게 만들 수 있다.

▼

한 명의 멘토에게만 집중해 조언을 듣는 것은 바람직하지 못하다. 업무 경력이 쌓이고, 세상 경험이 풍부해지다 보면 자연히 알게 되겠지만, 이 세상에 완벽한 사람이란 애초부터 존재하지 않는다. 선배의 대단한 업무 능력도 경력이 쌓이면 별것 아니게 여겨지고, 살다 보면 항상 옳은 길로만 인도해줄 것 같은 스승이 가끔 나를 곤란에 빠트리는 경우도 있다. 선배의 실력이 부족해서도, 스승의 능력이 얕아서도 아니다. 나의 능력이 그만큼 성장했기 때문이다.

그래서 나는 멘토보다 티퍼가 필요한 시대라고 주장한다. 티퍼tipper란 도움말을 주는 사람을 칭한다.[10] 생각에 조언을 줄 수 있는 모든 사람

두 번째 트랙 : 생각을 건져 올리다

이 나에게는 티퍼가 된다. 그리고 티퍼가 많을수록 생각은 확장된다. 때로는 예상치 못한 사람도 나의 티퍼가 될 수 있다. 나 역시 그런 경험이 있는데, 예능 버라이어티 프로그램을 한창 진행하던 1996년에 만난 김윤식 목사가 그 주인공이다.

"노래를 통해서 사회에 기여할 수 있는 방법이 있지 않을까요?"

음악의 가치 가운데 가장 대표적인 것은 물론 오락이다. 하지만 목사의 이 한마디를 통해 나는 좀 더 근원적인 음악의 기능을 고민하게 됐다. 그래서 탄생한 프로그램이 '노래를 통한 기부' 콘셉트인 〈사랑의 리퀘스트〉다. 이 프로그램은 방송이 진행되는 동안 ARS 전화를 받는데, 한 통화에 1,000원씩 기부된다. 지금까지 매주 5,000만 원 이상이 기부되어 방송 15년 만에 775억 원을 모금하였다. 예상 밖의 조언과 생각을 받아들인 것이 커다란 가치로 발전하게 된 것이다.


지식 콘서트의 원조인 〈TED〉의 컨퍼런스 큐레이터 크리스 앤더슨 Chris Anderson은 "한 명의 천재가 가진 아이디어보다 여러 사람의 지혜가 더 낫다."는 주장을 했다. 여러 사람의 작은 조언이 우리에게 생각의 지렛대가 될 수 있는 법이다. 계속 강조하다시피, 생각의 과정에서는 항상 넓은 입구가 필요하다. 다양한 입구에서 많은 지식과 지혜를 얻을수록 우리의 생각은 풍부해지기 마련이다. 대중은 날로 진화하고 있고, 콘텐츠는 매번 더 깊고 다양한 지식을 요구한다. 내가 가진 전문적인 지식으로는 한계가 있다. 나와 함께 일하는 동료들마저 그 지식의 부족분을 메우기 어렵다. 반면 우리 주위에는 수많은 전문가들이 곳곳에 있다. 그래서 우리는 그들을 자문위원으로 위촉해야 한다. 생각은 그런 방식으로 넓어지는 것이다.

많은 사람들이 내게 티퍼 구하는 방법을 종종 묻는다. 내가 아는 가장 간단하면서도 유일한 해결책은 우리가 먼저 누군가의 티퍼가 되어주는 것이다. 두 귀를 열어 상대의 이야기를 최대한 성심성의껏 경청하고, 오랜 고민 끝에 가장 책임감 있는 얘기를 해줄 수 있다면 우리는 티퍼가 될 자격이 충분하다. 그러면 그 후에는 자연스럽게 우리 주위를 유능한 티퍼들로 채울 수 있게 된다.

자체 검열의
함정에 빠지지 마라.

▼

# 효율성에
# 목매지 않는다

회의는 가장 창의적인 수업시간이다.
시스템이 잘 갖춰진 집단의 회의는
구성원들에게 창의성을 전수하고 교육시키는 역할을 한다.

▼

회의 시간은 무조건 짧아야 좋다고 생각하는 사람들이 많은데 나는 의견을 달리한다. 회의를 시간으로 평가하는 것 자체가 무리라고 생각하기 때문이다. 무형이든 유형이든, 성과 없이 짧게 끝난 회의는 허무하다. 잘못하다가는 회의를 짧게 끝내기 위해 다수의 의견에 타협하는 구성원들도 생길 수 있다.

NHN의 김상헌 사장은 "회의는 답을 주는 자리가 아니다. 각 부사장들이 사장과 똑같은 결론을 내릴 수 있는 능력을 기르는 곳이다."라고 말한다.[1] 그의 주장에 의하면 회의는 의사결정의 과정이 아니라 조율의 시간이다. 나의 아이디어와 타인의 생각을 조율하고, 조합하여 더 나은 방향으로 나아가는 것이 회의의 1차 목표다. 특히 리더들은 자신의 생각을 구성원들에게 강요하지는 않는지 항상 돌아보아야 한다. 회의는 직급, 나이를 모두 무시하고 진행하는 것이 올바르다. 2012년 야후yahoo의 CEO로 부임한 마리사 메이어Marissa Mayer는 그래서 회의 때 '나는 이게 좋다', '나는 이 제안이 마음에 든다.'는 표현을 하지 않는다고 한다. 대신 '실험결과 그 디자인을 채택하면 10% 더 높은 성과를 올리는 것으로 나타났다.'는 식으로 말하라고 하는데, 리더의 표현 하나가 조율이 아니라 선택의 강요로 오인받을 수도 있기 때문이다.

회의의 진정한 기능은 교육이다. 우리는 회의를 통해 생각을 가다듬을 수 있고, 어떤 때는 생각지도 못한 아이디어를 구현할 수도 있다. 또한 전반적인 업무 프로세스도 익힐 수 있다.

KBS 신미진 PD는 〈백점만점〉이란 프로그램을 마치고 아주 잠시 의기소침했다. 프로그램이 6개월 만에 종영됐기 때문이다. 그녀는 새로운 프로그램을 준비하며 수백 개의 아이템을 기획안으로 정리했다. 무려 6개월 동안이나. 하지만 그 모든 아이템이 회의에서 전부 탈락하고 말았다. 그녀가 여기서 쉽게 좌절했다면 다음의 영광은 없었으리라.

그녀가 마지막으로 내놓은 아이템은 사실상 예능 콘텐츠가 아니었다. 출연자들의 삶을 따라다니며 첨단 문명의 도움 없이도 인간이 잘 살 수 있다는 사실을 깨닫게 해주는 다큐 성격이 강한 아이템이었다. 하지만 우리는 이 아이템이 무척 마음에 들었다. 물론 처음의 아이디어만으로는 부족했다. 그래서 아이디어를 발전시키기 위해 몇 달간 회의를 거듭했다. 매번 회의가 끝나면 당면한 문제를 보완하기 위해 그녀와 우리 스스로에게 엄청난 양의 숙제를 부여했다. 숙제를 마치지 않으면 다음 회의를 진행하지 않겠다는 강한 규약도 만들었다. 회의는 준비된 자만이 참여할 수 있기 때문이다. 그 프로그램이 바로 2013년부터 정규 편성되어 대중의 인기를 한 몸에 받고 있는 〈인간의 조건〉이다.

이렇듯 회의는 반전의 기회가 된다. 회의에서 수차례 부서지고 개조된 콘텐츠는 처음부터 박수를 받았던 아이디어보다 더 나은 방향으로 발전할 가능성이 높다.

회의를 단순한 의사결정과 시간의 효율성으로 판단하는 것은 무의미하다. 장기적인 반복을 통해 그 의의를 수 있어야 한다. 아이디어를 조율하고, 구성원들을 성장시키는 아주 특별한 자리로 회의 시간을 재평가해야 한다. 회의에서 어떤 결정이 나오지 않아도 무방하다. 구성원들에게 숙제를 주는 것만으로도, 그들을 성장시킬 수 있는 수단이 되기 때문이다.

두 번째 트랙 : 생각을 건져 올리다

# 대중은 과거와 현재가 아닌
# 미래에 열광한다

대중은 가치를 통해 평가한다.
하지만 '지금'과 '당장'의 가치는 순간적으로 소모될 뿐이다.
'미래'적 가치가 담겨 있을 때 대중은 열광한다.

영국의 BBC 방송국은 KBS와 일본의 NHK처럼 공영방송국이다. 일본의 NHK는 신뢰성은 높은 편이지만, 시청률이 그리 높지는 않다. 그에 반해 BBC는 시청률도 높고 공영성도 매우 우수하다. 나는 근래 몇 년 동안 해외 방송제에 심사위원으로 참여한 적이 많았는데, 그때마다 BBC가 상을 휩쓸어가는 모습을 목격했다. 나 또한 방송제에 출품된 BBC 프로그램을 볼 때마다 창의성에 감탄한다.

BBC가 직원들에게 후한 인센티브를 지급하는 것도 아니다. 수평형 조직이라는 것 외에는 특별한 내부 시스템도 발견되지 않는다. 그러다가 문득 BBC의 홈페이지를 보고 그들이 가진 힘의 원천을 느낄 수 있었다. BBC의 홈페이지를 보면 자신들의 '비전vision' '미션mission'이 당당하게 적혀 있다. '세계에서 가장 창의적인 조직이 되는 것To be the most creative organization in the world'이라는 비전과 '정보, 교양, 오락 콘텐츠로 사람들의 삶을 풍요롭게 한다To enrich people's lives with programmes and services that inform, educate and entertain'는 미션이 그것이다. 자신들이 창조적 활동을 하는 근간이 명확하게 표현됐다고 볼 수 있겠다.

연세대 김상근 교수는 "'나는 돈을 벌기 위해 이 일을 하는 것이 아니다.'라는 인상을 주는 정도를 넘어 '나는 이러이러한 초월적 가치를 추구하기 위해 이 일을 하고 있다.'라는 신념이 직원들과 공유되도록 하는 것이 경영자의 몫이다."라며 초월적 가치를 강조한다.[12] 여기에서 말하는 '초월적 가치'가 비전과 미션이다. 창조적 활동을 하면서 초월적 가치를 갖고 있지 않다면 그건 기계적 움직임에 불과하다. 창조적 활동에는 이유가 필요하다. 그리고 이유는 가치에서 드러나는 법이다. 그래서 내가 생각한 KBS 예능국의 비전은 '초월적 가치가 담긴 콘텐츠 플랫폼을 구축하자.'다. 그리고 우리의 초월적 가치가 담긴 미션은 '대중의 문화적 욕구를 충족시키고 선善을 공유하여 세상에 희망과 감동을 선사한다.'이다.

비즈니스는 무한한 가치 확장의 가능성을 가지고 있다. 아이폰이 일상을 바꾸고, 페이스북이 관계를 확장시켰듯이 말이다. 누군가는 아이돌 그룹 소녀시대의 노래 '더 보이즈'의 한 소절 '주저하면 기회는 모두 너를 비켜 가. 가슴 펴고 나와 봐라'라는 대목을 듣고 자신감을 회복할 수도 있고, 드라마 〈각시탈〉을 시청하며 애국심에 뭉클해질 수도 있으며, 〈남자의 자격〉의 '청춘합창단' 편을 보고서 나이 듦의 축복을 떠올릴 수 있다.

대중은 지금 현실에서 재현되는 가치가 아니라, 미래 지향적이고 초월적인 가치에 교감하려 든다. 지금 당장 눈에 보이는 가치에만 집착한다면 초월적 가치는 절대로 발산될 수 없다. 우리는 초월적 가치와 비전, 미션을 결합한 후에 현장으로 나서야 한다. 비즈니스 현장은 우리의 초월적 가치가 극적으로 발현되는 공간이기 때문이다.

의외성을 포착하다

생각을 건져 올리다

**세 번째 트랙**

# 현장에 집약하다

현장은 지루함과 긴박감의 양극단이 공존하는 공간이다.
그런 극단의 절정 상태마저 즐길 수 있는 자가 기적을 만들어낸다.

의도를 세우다

가치를 확장시키다

발명은 실험실에서 이뤄지고, 혁신은 시장에서 이뤄진다.

– 토머스 코널리Thomas M Connelly, 듀폰 부회장 겸 혁신담당관 –

아이디어가 특별하다고 해서 반드시 성공하리라는 보장은 없다. 아이디어만으로는 모든 것이 불확실하고, 위험도가 높다. 그래서 아이디어를 실질적으로 구현하는 제작 단계에 들어서면 자신도 모르게 두려움에 사로잡히기 마련이다. 영화 〈탑 건Top Gun〉과 〈에너미 오브 스테이트Enemy Of The State〉의 감독 토니 스콧Tony Scott은 "인생에서 제일 무서운 일이 아침에 일어나 영화 찍으러 가는 거다. 그 두려움이 내 원동력이다."라며 현장의 어려움을 고백했다.

제작은 매우 집약적인 과정이다. 모든 아이디어와 비용, 인력, 시간 등을 한데 모아 집중적으로 투여해야 한다. 한두 사람의 생각과 능력을 집중하는 것만으로는 부족하다. 제작은 그 이전의 단계보다, 그 이후의 과정보다 몇 배의 인원과 비용이 요구된다. 그래서 가장 집약적인 힘이 필요하다. 〈1박2일〉의 경우 생각과 아이디어를 건져내는 과정에는 10명 남짓이 필요하지만, 제작 현장에서는 카메라, 조명을 담당하는 인력까지 포함해서 80여 명이 요구된다. 비용도 대부분 제작 단계에서 소요되는 것이 다반사다.

그래서 아무리 탄탄한 준비 과정을 거친 아이디어도 제작 현장에 갖다

세 번째 트랙 : 현장에 집약하다

놓으면 장점보다 단점이 부각된다. 애니메이션 〈토이스토리Toy Story〉와 〈카Car〉 등을 감독한 존 래스터John Lasseter는 "만들 때부터 재미있었던 영화는 보는 사람에게도 그 기운이 전달된다."라고 말하는데, 실제로 제작 과정에서 비즈니스의 성공 여부가 드러난다. 그런 이유로 우리는 매번 제작 단계가 되면 후회를 반복한다. 보다 철저히 준비를 할걸 하고 말이다.

하지만 늦었다고 실망하기에는 이르다. 아이디어는 현장에서 재탄생된다. 광고인 박웅현은 "일목요연한 정리도 좋지만, 아이디어를 내는 건 현장이다."라고 말하며 제작 현장을 또 다른 아이디어의 통로로 보았다.[1] 야구 감독 김성근 역시 "데이터만으로는 반쪽일 뿐이다. 나머지 반은 현장에서 채워야 한다."고 주장했다.[2] 즉, 제작 과정은 생각을 지휘하는 경로에서 가장 두려운 단계지만, 오히려 가장 많은 대안적 아이디어가 샘솟는 반전의 시간이라고도 할 수 있다.

제작 과정에서 우리가 가져야 할 태도는 여전히 좁게(FIT) 가는 것이다. 최초의 타깃에 맞추면서 진행해야 한다. 물론 현장에서 얻은 다양한 변수를 통해 타깃을 확장할 수도 있겠지만, 그건 네 번째 트랙인 편집화 단계에서 고려해도 무리가 없다.

# 순간의 집중만으론
# 부족하다

집중의 힘이 얼마나 강렬한가보다
그 힘이 얼마나 오래 유지될 수 있는가에서 모든 승부는 결정 나게 된다.
그것이 바로 집중과 집중이 모인 집약의 힘이다.

보통 예능 프로그램 한 편이 대중의 머릿속에 각인되기까지 3~4개월 정도가 걸린다. 2007년 8월에 시작한 〈1박2일〉도 마찬가지였다. 첫 촬영부터 출연자들과 스태프들의 고생이 이만저만 아니었음에도, 시청자들의 반응은 야속하게도 즉각적이지 않았다. 고마운 것은 매주 반복되는 고생과 냉담한 반응 속에서도 스태프와 출연진 어느 누구도 군소리 한 번 내지 않았다는 사실이다. 오히려 강호동은 "시청률이 저조한데, 우리가 고생을 좀 더 해야 하는 거 아니에요?"라며 더 취약한 현장으로 가자고 재촉했다.

그런데 결정적 한방이 4회부터 나왔다. 기차 여행을 떠나며 '우동 먹기 게임'이 진행됐는데, 김종민이 지는 바람에 낙오되는 해프닝이 발생했다. 내기에 지면 낙오된다는 내용은 전혀 약속된 것이 아니었다. 어떻게 주인공을 프로그램 초반부에 빼버릴 수 있겠는가? 출연자들 스스로가 방송과 게임에 심취해서 그런 규칙을 만들어낸 것이다. 그 상황에 집중해 있던 출연진과 스태프들은 당황하지 않고 이를 당연하게 받아들였다. 긴박한 현장에 이미 심취해 있었기 때문이다. 김종민은 그대로 내버려졌고, 나머지 멤버들은 당연하다는 듯 게임을 계속 진행해나갔다. 하나의 현장은 금세 둘로 나뉘었다. 예정대로 여행지에 가는 다섯 멤버, 그리고 그들을 추격하는 김종민. 시청자들은 그때부터 결말을 알 수 없는 긴박한 상황에 매료되었다. 도저히 예측할 수 없는, 의외성을 담고 있는 이 한 장면으로 〈1박2일〉은 리얼 버라이어티 프로그램의 상징이 됐고, 시청률은 가파르게 상승했다.

'양심냉장고'로 유명한 MBC 〈이경규가 간다〉도 현장의 집중력이 빛을 낸 프로그램이다. 첫 방송분이 인적 없는 새벽 도로에서 정지선을 지키는 차량이 있는지 확인하는 아이템이었다. 설마 하는 심정으로 촬영에 들어갔는데 예상대로 정지선을 지키는 차량이 없었다. 며칠을 촬영해도 말이다. 오랜 기다림은 지루함이 됐고, 모두가 지쳐갔다. 하지만 기적은 원래 조금 늦게 찾아온다. 한 장애인 부부의 경차가 홀로 정지선을 지켰고, 시청자들은 이 방송을 보고 감동의 눈물을 흘렸으며, 엄청난 히트 프로그램으로 성장했다.

현장이 두려운 이유는 지루함과 긴박감의 양극단이 공존하기 때문이다. 하지만 그 양극단의 시간이 우리에게는 가장 창의적인 순간이다. 인류학자 제네비브 벨Genevieve Bell은 "지루함을 느끼는 순간에 뇌는 스스로를 돌아보고 새롭게 혁신적인 아이디어를 떠올릴 수 있도록 한다."고 했다.[3] 반면 최근 중국 휴대폰 시장을 뒤흔들고 있는 샤오미 사의 레이쥔 CEO는 "창업에서 가장 중요한 것은 돈이 아니라 긴박감이다."라고 말하기도 한다.[4]

예측할 수 있다면 그건 현장이 아니다. 현장의 길고 긴 지루함이 언제쯤 끝날지는 누구도 예상할 수 없고, 긴박한 상황을 조절하기도 불가능하다. 그렇기 때문에 현장은 우리에게 더 깊은 집중력을 요구한다. 집중과 집중이 집약되는 순간에 마침내 만들어진 성과를 우리는 기적이라 부른다. 기적은 기다리는 것이 아니라, 우리 스스로 주체가 되어 만들어야 한다. 바로 각자의 현장에서 말이다.

▼

# 히든 펀치는
# 녹다운의 상황에서 나온다

상대 선수의 주먹을 잘 피하는 자보다 맷집이 강한 선수가 권투 시합에서는 승리한다.
발레리나는 발에 굳은살이 생겨야만 천상의 몸짓을 선보일 수 있다.

▼

〈에덴의 동쪽East Of Eden〉, 〈워터프론트On The Waterfront〉 등으로 유명한 할리우드 영화감독 엘리아 카잔Elia Kazan이 창시한 개념 중 '메소드 연기method acting'라는 기법이 있다. 이는 철저히 자기 역할에 몰입하는 연기방식으로, 단순히 배역을 '연기'하는 게 아니라 스스로 배역 그 자체로 분하는 것이다. 말론 브란도Marlon Brando, 알 파치노Al Pacino 등이 이 방법을 사용하여 유명해진 배우다. 로버트 드니로Robert De Niro 역시 〈성난 황소Raging Bull〉라는 영화를 위해 체중을 30kg씩이나 불렸다 줄였다 하면서 완벽하게 배역에 몰입하는 연기를 펼쳤다.

메소드 연기법은 심리학자 미하이 칙센트미하이Mihaly Csikszentmihalyi 교수가 제시한 '플로우flow'라는 개념과 일맥상통한다. 창의성 전문가인 최인수 교수는 플로우를 "단순히 어떤 일에 빠진 상태를 의미하는 것이 아니라 더욱 적극적으로 자신의 주의를 통제하는 과정까지 포함하고 있으며, 더 나아가 이런 과정을 통해 자아가 확장되고 확장된 자아가 창조의 동인이 되는 개념까지 아우른다."고 정리한다.[5]

우리는 누구나 각자의 히든 펀치를 숨기고 산다. 하지만 그것은 문자 그대로 숨겨져 있다. 쉽게 내지를 수 있는 것이 아니다. 극단의 순간에 주먹을 불끈 쥐지 않는다면 내지르기가 어렵다. 히든 펀치는 내가 쓰러질 정도로 지쳐버린 녹다운 상태가 되어야 동물적 본능으로 주먹을 불끈 쥐면서 발산된다. '독이 오른'이라는 표현은 이때 사용할 수 있다. 만약 우리가 그동안의 삶에서 히든 펀치를 날리지 못했다면, 녹다운 상태에 아직 도달하지 못한 것이다. 플로우와 집중, 집약의 상태를 경험하지 못한 사람은 잽조차 제대로 날리지 못하는 경우가 많다.

예능 PD에게 가장 어려운 방송 현장은 당연히 생방송이다. NG를 내서는 안 되는 현장이기에 긴장도가 매우 높다. 그래서 아무리 노련한 PD라 할지라도 생방송 전날은 잠을 못 이루는 경우가 많다. 예능 PD들은 생방송 현장을 위해 장면 연출부터, 편집, 대중에게 전할 메시지까지 미리 머릿속에 그려서 완벽하게 내면화시킨다. 특히 음악 프로그램은 노래 한 곡을 초 단위까지 분해해서 해석한 뒤, 객석의 반응과 10대 이상의 카메라를 보며 타이밍을 잡아야 제대로 된 무대 연출을 할 수 있다. 단순한 기계적 접근으로는 현장을 창의적으로 잡아낼 수 없다. 나아가 나 혼자만 집중하면 안 되고, 전 스태프가 모두 집중하는 '집약의 상태'가 만들어져야만 한다.

집약의 상태가 되면 최인수 교수의 주장처럼 자아가 확장된다. 자아가 확장된다는 의미는 자기 안에 숨겨진 히든 펀치인 창조성이 솟아난다는 의미다. 이는 《주역周易》에서 말하는 "궁즉변 변즉통 통즉구窮則變 變則通 通則久"와 궤를 같이하는데, 풀이하자면 '궁하면 변하고, 변하면 통하고, 통하면 오래간다.'는 뜻이다. 즉 한계 상황에 이르면, 상황을 돌파하기 위해서 어느 방향으로든 변화를 시도하게 되고, 그 변화가 결국에는 통한다는 이야기다. 결국 중요한 건 한계까지 자신을 몰고 갈 수 있느냐이다. 현장은 우리에게 그런 태도를 원하고 있다.

세 번째 트랙 : 현장에 집약하다

# 우리는 최초의 대중이다

모든 저자는 위대하다. 하지만 독자보다 위대할 수는 없다.
모든 콘텐츠 플랫포머는 현명하다. 하지만 대중의 현명함에는 못 미친다.

이 책을 쓰기까지 나에게 가장 많이 힘을 준 글귀는 다음과 같다.

"나는 소설의 창조자일 뿐 아니라 최초의 독자이기도 하다."

다름 아닌 세계 최고의 이야기꾼 스티븐 킹Stephen King의 말이다.[6] 항상 독자로만 살던 내가 책의 저자가 되어 원고를 쓰려고 하니 매순간 당혹스러움과 난감함을 느낀다. 무언가 대단한 글을 쓰고 싶지만, 막상 컴퓨터 앞에 앉으면 한 단어도 떠오르지 않는다. 내가 그동안 저자가 아닌 독자의 입장에서만 책을 읽어서인 걸까. 이와 관련해 〈쿵푸팬더2〉의 감독 제니퍼 여 넬슨Jennifer Yuh Nelson은 "관객을 만족시키고 싶나? 그럼 우선 당신을 만족시켜야 한다. '관객은 좋아할 거야' 같은 생각은 잘

못됐다. 당신이 좋아한다면 다른 누군가도 좋아할 것이다. 당신이 좋아하지 않는다면 아무도 좋아하지 않을 것이다."라고 말했다.[7] 우선 나부터 만족시키라는 주장이다.

처음 콘텐츠업계에 발을 내디딘 사람일수록 제작자와 대중을 엄밀히 구분하려고 한다. 즉, 제작자의 눈은 대중의 시선과 달라야 한다는 강박을 갖고 있는 것이다. 하지만 나는 항상 그런 태도에 반대해왔다. 솔직히 대중과 제작자가 처음부터 다른 시선을 가질 필요가 있는지조차도 의문스럽다. 사실 제작자들은 모든 콘텐츠나 플랫폼의 최초 사용자이기 때문이다. 〈1박2일〉의 나영석 PD도 유사한 철학을 가졌던 것 같다.[8]

"여행은 스케줄대로 되면 재미없다. 중간에 사고 터지고 그럴 때마다 '앗싸! 이 사람들이 어떻게 하나 보자' 하며 제일 빨리 보는 시청자의 느낌으로 보는 것이다."

서수민 PD는 매주 화요일 〈개그콘서트〉에 출연하는 개그맨들의 콘텐츠를 검사한다. 이때 그녀가 가장 중점을 두는 건 제작자의 시선이 아니라 대중의 관점이다. 대중의 관점에서 볼 수 있어야 그들을 만족시킬 우수한 콘텐츠가 생산될 수 있다는 신념 때문이다. 이러한 철학과 신념이 콘텐츠 플랫폼을 제작하는 우리들의 가장 기본적인 태도라고 생각한다.

혹시 기억하는지 모르겠다. 〈개그콘서트〉의 마지막 장면을. 크레딧이 올라가는 순간 출연자들이 모두 나와 객석을 향해 인사를 하고, 자기들끼리 신이 나서 춤을 추는 장면을 말이다. 〈개그콘서트〉가 지금까지 지켜온 전통인데, 나는 이 장면을 그들이 자신들의 콘텐츠에 마음껏 열광한 흔적이라고 본다. 이들은 수요일에 있을 녹화를 위해 일주일 전체를 투자한다. 목요일과 금요일은 팀별로 아이디어 회의, 토요일과 일요일은 자체 연습, 그리고 월요일과 화요일에 집중적인 연습과 PD의 최종 테스트를 거친다. 그들이 자신들의 콘텐츠를 즐기지 않는다면 절대로 버틸 수 없는 제작 환경이다.

'호텔 업계의 제왕'으로 불리는 메리어트 인터내셔널의 빌 메리어트 John Willard Marriott Jr. 회장은 "나는 밤이 되면 집에 들어가고 싶지만 여전히 아침이 되면 여러분을 만나러 출근하고 싶다."면서 동료들과 함께하는 현장을 즐겼다.[9] 현장이 즐겁지 못하다면 우리의 창조적 활동은 더 이상 앞으로 나아갈 수 없다. 다시 우리가 제작자라는 생각에 파묻히기보다 대중의 시각으로 돌아갔으면 좋겠다. 제작자의 시선은 콘텐츠를 편집하는 과정에서 상황을 복기하면서 보완해도 충분하다.

▼

# 경쟁이 만들어내는 건
# 결과를 향한 집착만이 아니다

우리가 경쟁을 거부하는 이유는 규칙이 정의롭지 못하기 때문이다.
정의로운 규칙 속에서 진행되는 경쟁은 오히려 자아를 확장시키는 기회다.

▼

1990년대 후반 가요계에는 H.O.T와 젝스키스가 엄청나게 치열한 경쟁을 했다. 이 두 그룹이 몰고 다니는 팬들의 수도 엄청났다. 한번은 이들이 〈사랑의 리퀘스트〉에 연달아 출연하게 됐는데, 팬들 사이에 모금 경쟁이 일어났고, H.O.T의 모금액은 3억 원을 넘기도 했다. 이 두 그룹이 출연하는 예능 프로그램은 시청률도 매우 높았다. 하지만 내가 이들의 경쟁을 감사하게 여겼던 이유는 시청률과 기부액에만 있지는 않다. 치열한 경쟁 속에서 이 두 그룹은 항상 새로운 무대를 준비해왔는데, 매번 우리를 놀라게 만들었다. 일주일이라는 물리적 시간으로 감히 상상할 수 없는 무대 퍼포먼스를 선보였다. 그들의 재능을 카메라 화면으로 잡아내며 수없이 감탄했다.

우리가 경쟁을 두려워했던 이유는 결과에 지나치게 집착했기 때문이다. 결과에만 집착하다 보니 과정상의 규칙 위반도 눈감아왔다. 그러자 경쟁의 공정함이 사라져갔다. 하지만 경쟁을 과정의 측면에서 바라보면 판단은 달라진다. 경쟁은 우리 스스로가 성장할 수 있는 기폭제다. EBS PD 조혜경은 자신의 책에서 이렇게 말한다.[10]

"좋은 경쟁은 아이들에게 에너지를 집중하게 만들고, 한계에 도전하게 만든다. … (중략) 나 자신도 알게 모르게 경쟁의 결과에만 주목했으며, 경쟁에서는 반드시 이겨야 하는 것이 철칙이고, 경쟁에서 지면 모든 것이 끝난 것처럼 아이들을 가르쳐왔으니 아이들이 경쟁 그 자체를 두려워하는 건 당연한 결과일지도 모른다."

그렇다. 우리가 그동안 생각해왔던 경쟁의 개념은 누군가를 이기기 위한 관점으로 한정되어 왔다. 하지만 진정한 의미의 경쟁은 거울을 통해 나를 들여다보는 작업에서 시작된다. 인간의 잠재성은 쉽게 드러나지 않는다. 스스로도 내가 어떠한 능력이 있는지, 무엇을 하고 싶은지조차 알지 못하는 경우가 많다. 이때 '경쟁'이란 도구를 들이대면 놀라운 일이 벌어진다. 평소에는 드러나지 않던 무한한 능력이 표출되는 것이다. 그래서 구글 스마트폰의 광고 총책임자인 카림 템사마니Karim Temsamani 부사장은 "경쟁은 긴장을 준다. 혁신은 여기에서 출발한다."라고 주장했고,[11] 월트 디즈니Walt Disney 역시 "나는 평생 고된 경쟁에 맞서 살아왔다. 경쟁이 없다면 어떻게 살아갈지 막막했을 것이다."라고 말하지 않았던가.

현장은 수많은 각축과 경쟁의 도가니다. 그만큼 치열하다. 하지만 조금만 뒤집어 생각해보면 그곳은 우리 스스로를 성장시킬 수 있는 무수한 계기가 넘쳐흐르는 곳이다. 조금은 유쾌하게 경쟁의 개념을 받아들였으면 한다. 마치 송대관, 태진아처럼 말이다. 절친한 의형제이면서도 노래를 넘어 개인기, 유머까지 유쾌한 경쟁 구도를 만들어내며 오랫동안 대중을 즐겁게 하는 그들처럼 우리도 아름다운 경쟁의 틀을 만들 수 있지 않을까?

# 진심은 가장 나은 대안이다

우리는 소수고, 대중은 다수다.
어떤 방식으로도 소수는 다수를 속일 수 없다.
소수가 가질 수 있는 가장 큰 무기는 진심의 언어다.

2012년 상반기에 KBS 개그맨실이 새로 단장을 하게 되어 입주식을 했다. 모두를 초대해놓고 개그맨 박성호가 각오를 다진다면서 이렇게 말했다.

"앞으로 도박하지 않고, 술 취해서 운전하지 않고, 외제차 훔치지 않고, 타 방송사 가는 배신 때리지 않겠습니다."

이 말이 우리를 박장대소하게 만들었다. 모두 본인을 비롯해서 동료 개그맨들이 저지른 잘못이기 때문이다. 한참 생각해보니 그들의 진심이 느껴졌다. 그래서 우리들은 이런 진심을 콘텐츠에 담아내면 어떨까 싶었다. 그래서 등장한 캐릭터가 개그맨 김준호다. 그는 몇 년 전 도박으로 물의를 빚었다. 다행히도 대중이 그를 용서해줬고, 김준호는 이후 자신의 반성문을 개그 소재로 활용하기 시작했다. 스마트폰 메신저 서비스를 응용한 '마카오 톡'이라는 별명과 함께 말이다. 사람은 누구나 잘못된 행동을 할 수 있다. 잘못을 하면 변명 대신 정중한 사과를 하는 것이 맞다. 하지만 사과에도 원칙이 있다. 진심을 담아야 한다는 것이다.

〈개그콘서트〉의 '달인' 코너는 전혀 새로울 게 없는 소재다. 신체를 이용한 개그는 이미 오래전부터 있어왔고, 스승과 수제자, 방송국 리포터가 등장하는 캐릭터 구성도 매우 전형적인 형식이다. 다른 점이 있다면 무대의 중심에 김병만이 있다는 점이다. 김병만이라는 근면한 개그맨은 지극히 일반적인 소재조차 자신의 신체와 영혼을 바쳐 특별한 아이템으로 발전시켰다. 그래서 우리는 그가 무대에 나설 때마다, 적진에 막내아들을 홀로 보내는 부모의 입장이 되었다. 이제는 소재가 떨어졌겠지 싶으면 또 다른 아이템을 들고 왔다. 그는 그렇게 온몸을 상처와 부상으로 도배한 채 4년을 무대에서 버텼다.

어떻게 그것이 가능했을까? 그 해답은 바로 그의 과거에 있다. 가난과 실패, 좌절이 계속되던 어느 날, 빈 병을 팔아 소주를 마신 김병만이 어머니에게 항의하듯 물었다고 한다. "우린 왜 이렇게 가난한 거냐?" 그때 그의 어머니의 대답은 단 한마디였다.

"미안하다."

그 한마디가 그의 가슴을 후벼 팠고, 영원히 뼈 속에 사무쳤다. 그날부터 그는 어떤 작은 무대도 마다하지 않고 최선을 다했다. "어떤 단역도 주저하지 말고 소명처럼 받들자."라는 마음가짐으로 말이다. 자신이 왜

세 번째 트랙 : 현장에 집약하다

무대에서 몸과 마음을 바쳐 개그를 해야 하는지 알게 된 것이다.

그렇다. 김병만에게는 개그를 해야 하는 진심이 존재한다. 그에게 무대는 어머니에게 용서를 구하는 자리이자, 자신을 세상에 서도록 만들어 준 대중에 대한 고마움을 표현하는 공간이다. 개그를 하는 진심이 존재하기에 그의 무대는 소재와 무관하게 다양하게 표현될 수 있다. 그런 개그맨을 얻은 것은 우리의 축복이다.

진심은 기업의 리더십에도 통한다. 페이스북 최고운영책임자인 셰릴 샌드버그Sheryl Kara Sandberg는 리더십의 근원이 진심에서 나온다며 "나는 내가 사무실에서 운다는 사실을 공개적으로 밝혔다. 누구도 직장에서 우는 걸 좋아하지 않지만, 누구에게나 이런 일이 일어난다는 것을 알리고 싶었다. 누군가에게 화가 나든, 행복하든, 슬프든 우리는 이것을 공유하는 것이 더 나은 결과를 가져온다고 믿는다."라고 말했다.[12] 이런 진심 어린 태도가 그녀를 젊은 나이에 2012년 〈포브스Forbes〉 선정, '세계에서 가장 영향력 있는 여성' 12위에 올리지 않았을까?

진심은 대중을 대할 때 더욱 중요하다. KAIST 김영걸 교수가 '카드 미개설 점포'였던 김밥 가게에 얽힌 흥미로운 에피소드를 자신의 책에 소개한 적이 있다. 1,000원짜리 김밥을 구매하면서 카드를 제시한 고객에게 김영걸 교수는 카드 거래가 안 된다며 진심으로 사과했고, 무료로 김밥을 주었다. 그 고객은 다음날 김밥 값을 가져왔고 아울러 10인분을 더 구매해갔다.[13] 대중은 '진심'으로 '진심'에 감동한다.

우리는 〈불후의 명곡 : 전설을 노래하다〉를 통해 숨겨진 가수들이 발굴되길 소망했다. 그중에서 우리 눈에 가장 먼저 들어온 가수가 알리였다. 젊은 가수임에도 노래에 진심이 담겨 있었기 때문이다. 아니나 다를까, 대중은 그녀의 노래에 열광했고 그녀는 일약 실력파 가수로 급부상하기 시작했다. 그런데 첫 번째 앨범 곡에 수록한 '나영이'라는 노래가 화근이 되었다. 애초의 의도나 진심과는 달리 조두순 사건의 피해자인 나영이의 상처를 건드렸다는 것이다. 그녀는 이 일로 가혹한 심판대에 올랐다. 홈페이지 게시판에는 그녀를 하차시키라는 글이 연일 올라왔다. 그녀도 마음에 상처를 입고 〈불후의 명곡〉 출연을 스스로 포기하려 했다. 너무 가슴이 아팠다. 우리는 그녀의 진심을 봤다. 그녀가 평생 꿈꾸었던 노래를 할 기회를 막고 싶지 않았다. 녹화 날이 다가왔고, 그녀가 기자회견에서 자신의 아픈 과거 경험을 고백했다. 그리고 가수로서 마지막 무대라고 생각하며 녹화에 참여한다. 진심은 반전의 계기다. 그녀의 노래를 듣고 모든 사람들이 진심으로 박수를 쳐주었다. 노래를 마치고도 한참 동안 주체할 수 없는 눈물을 흘리고 있는 그녀에게 말이다. 진심은 때로는 본인에게 잔인할 수 있지만 결국에는 가장 나은 대안이다.

2013년 상반기 최고의 예능 프로그램인 〈아빠! 어디가?〉도 아빠와 아이들의 진심 어린 모습을 담아냈기 때문에 성공할 수 있었다. 이 프로그램은 제작진이 시나리오를 미리 작성할 수조차 없다. 한글도 익히지 못하는 아이들이 주요 출연자이기 때문이다. 제작진은 오히려 그런 제약을 장점으로 받아들였다. 예능 프로그램이지만 인위성을 배제한 다큐 방식으로 접근했고, 그 결과 대중의 마음을 사로잡을 수 있었다.

대중이 콘텐츠를 통해 알고 싶은 것은 제작 과정의 작위성이 아니라 우리의 진심이다. 콘텐츠를 완성하는 주체는 우리가 아니라 대중이다. 우리가 진심을 제대로만 표현한다면 대중은 언제라도 콘텐츠를 완성해 준다는 사실을 부디 잊지 말기 바란다. 진심은 우리의 가장 큰 무기다.

# 확신은 우리가 아닌
# 대중이 만든다

함께 일하는 사람이 아니라, 같은 꿈을 꾸는 사람이 동료다.
같은 일을 하는 사람이 아니라, 함께 의견을 모으는 사람이 동료다.

처음으로 프로그램에 데뷔하는 후배 PD들은 실패를 맛보는 경우가 많다. 자신의 감에만 의존하려는 경향이 있기 때문이다. 또 권한이 독으로 작용하는 경우도 있다. 조연출 때보다 연출을 책임지게 되면 결정권이 대폭 늘어나게 되는데, 간혹 이 권한에 중독돼 주변의 조언을 간섭으로 생각할 때가 있다.

그래서 신입 PD를 데뷔시킬 때 어떻게 해야 실패를 줄이고 더 나은 성과를 거둘 수 있게 할지가 한동안 나의 고민거리였다. 그러다가 최근의 드라마 캐스팅 과정에서 힌트를 얻었다. 명품 조연을 캐스팅하는 것이 그것이다. 최근 히트를 친 대부분의 드라마를 보라. 주연도 주연이지

세 번째 트랙 : 현장에 집약하다

만 조연들의 활약이 눈부시다. 드라마 〈추노〉를 보면 장혁과 오지호도 훌륭했지만, 성동일이나 이한위 같은 명품 조연이 없었다면 과연 그 정도의 성과를 거둘 수 있었을까? 〈해를 품은 달〉역시 김응수, 정은표 같은 배우가 중심을 잡아줬기에 젊은 배우들이 날개를 펼 수 있었다. 산전수전 다 겪은 조연은 주연의 연기를 받쳐주면서 극에 활력을 불어넣는다. 오랜 경험을 통해 그들은 잠깐의 장면에서도 자신만의 아우라aura를 발산할 줄 알기 때문이다. 나아가 명품 조연들은 신인들을 교육시키는 역할까지 떠맡는다. 영화 〈나는 공무원이다〉 촬영 과정에서 배우 윤제문은 신인인 성준에게 "순간에 있는 너를 믿어라."라는 인생철학까지 심어주었다지 않는가!

나는 이를 벤치마킹하기로 했다. 신입 PD에게 경력이 풍부한 스태프를 짝지워주는 것이다. 부디 신입 PD들이 경륜을 갖춘 동료들의 조언을 잘 수용해주기를 바라면서.

다행히 〈대국민 토크쇼! 안녕하세요〉의 이예지 PD는 초보 연출자가 가질 만한 위험을 현명하게 피해갔다. 그녀의 파트너는 문은애 작가인데, 그녀는 〈무한도전〉을 비롯하여 다수의 예능 프로그램을 진행한 능력 있는 스태프다. 이예지 PD는 모든 판단에 앞서 문은애 작가의 말을 경청하고 수용했다. 그 결과 처음에 시청률이 한 자리 수에 머물던 프로그램이 1년 후에는 10% 이상에 도달하게 되었다.

최고의 '창조 전도사'이자 IGM 세계경영연구원의 강신장 원장은 "정말 옳은 것을 추구하는 것은 '고집'이지만, 혼자만 옳다고 생각하는 것을 밀고 나가면 자칫 '똥고집'이 된다."며 자신이 믿는 대로만 판단해서는 안 된다고 강조한다.[14]

제작 현장에서는 단 하나의 확신을 놓고 여러 판단들이 대결 구도를 이룬다. 하지만 확신은 자신의 소망이 만들어낸 허상일 수도 있다. 앞서 비즈니스의 과정에서 일종의 착각이 필요하다고 말했는데, 그건 주어가 복수일 때의 얘기다. 함께 창조적 활동을 하는 동료들이 같은 목표를 향해 만들어낸 착각은 긍정적으로 작용하지만, 자기만의 똥고집에 불과한 착각은 부정적인 결과를 초래할 뿐이다. 비즈니스에 대한 확신은 그 누구도 내릴 수 없고, 가질 수도 없다. 무조건 대중의 판단에 맡겨야 하기 때문이다.

# 꿈을 꾸는 것만으로는
# 한계가 있다

오늘 아침 꿈의 방향이 그려졌다면, 적어도 그 하루는 온종일 내달려야 한다.
꿈은 마음으로 그리는 게 아니라 몸을 통해 달성되는 것이다.

가끔 성공의 이유가 오도되는 경우를 보곤한다. 음원을 판매하기 위해 매일 아침 미국의 음반사를 돌아다니며 드링크제를 직접 선물했다는 박진영의 미국 도전기가 대표적이다. 설마 미국 뮤지션들이 드링크제에 취해 박진영의 음악을 선택했을까, 라는 의문이 든다.

박진영이 미국에서 일정 정도의 성과를 낸 이유는 무턱대고 들이댄 무모한 도전의식 때문만은 아니었다. 콘텐츠가 우수했던 것이 가장 큰 이유다. 그가 무모하리만큼 저돌적으로 도전할 수 있었던 것도 콘텐츠에 대한 자신감이 있었기 때문이다. 생생하게 꿈을 꾸는 것만으로 성공을 이룰 수 있다는 자기계발서들의 주장을 굳이 부정하고 싶지는 않다. 꿈은 가장 중요한 동인이다. 하지만 꿈을 꾸는 것만으로는 부족하다. 그 꿈을 이루기 위한 실천 과정이 더욱 더 중요하다는 얘기다.

나의 한 친구는 중소기업을 운영하는데, 연봉도 대기업 수준이고, 복지 제도도 상당히 좋은 이른바 '꿈의 직장'이다. 그런데 이 회사가 언론에 소개되자 전국의 수많은 취업준비생들이 무턱대고 회사로 찾아오는 일이 발생했다. 일단 대표만 만나게 해달라며, 자신들이 이 회사가 기다리던 인재라고 외쳐대는 통에 업무가 마비될 지경이었다. 친구는 그들의 노력이 기특해서 몇 번은 본인이 직접 면접을 보았다고 한다. 하지만 이내 실망하고 말았다. 자기가 무엇을 하고 싶은지, 잘할 수 있는 분야가 무엇인지에 대한 준비가 전혀 안 되어 있었기 때문이다. 단지 회사에 직접 찾아왔다는 자세를 높게 봐달라고 하는데, 자기 콘텐츠도 없이 무턱대고 방문하는 사람을 어떻게 사원으로 선발할 수 있겠는가.

KBS는 매년 15명 정도의 개그맨을 공개 오디션으로 선발한다. 지연, 학연, 인맥에 관계없이 무조건 실력과 콘텐츠로만 자웅을 겨룬다. 지원자 수가 1,000명에 이르기도 한다. 이들 중에는 대학로 극단에서 오랜 기간 동안 활동한 경력자들도 많다. 우리는 이때 '스펙'이나 '경력'보다는 '가능성'에 더 역점을 둔다. 그리고 가능성에 가장 크게 영향을 미치는 부분은 연기력이다. 연기력은 단지 선천적인 '끼'로만 채울 수 있는 것이 아니다. 후천적인 연습이 더욱 중요하다. 재능은 노력을 따라잡지 못한다. 연기력을 보면 지원자들이 얼마나 오랫동안 자신의 능력을 개발했는지 알 수 있다. 그게 바로 가능성의 본질이다.

미국의 전산학자 앨런 케이Alan Curtis Kay는 "미래를 예측하는 최선의 방법은 스스로 만드는 것이다."라는 말을 했다. 그의 말처럼 미래는 우리 스스로 만들어내는 것이다. 우리의 모든 열정과 노력을 자신의 꿈에 투자해야 한다. 우연과 막연한 기대로 자신의 인생과 시간을 낭비하지 말라. 인생과 비즈니스는 생각보다 공평하다. 절대 공짜는 없다.

# 닫힌 문을 바라볼 시간에
# 열린 문을 찾는다

우리에게는 수많은 기회가 다가오지만 안타깝게도 그 문은 쉽게 닫히곤 한다.
하지만 걱정할 필요는 없다.
시선을 바꾸면 또 다른 기회의 문이 열리기 때문이다.

2002년 6월, 전 세계에 생방송으로 방영된 〈2002 한일월드컵 전야제〉를 연출할 때의 일이다. 서울시 교향악단의 공연이 시작될 무렵, 갑자기 폭우가 쏟아지기 시작하자 연주자들이 모두 놀라 황급히 퇴장하고 말았다. 악기 한 대의 가격이 억대를 호가하니 어쩔 수 없는 일이었다. 자칫 방송 사고로 이어질 긴박한 순간이었다. 하지만 오랜 시간 생방송 연출을 하다 보니 아무리 절박한 상황에서도 해법을 찾아내는 습관이 생겼다. 이때도 그 습관이 희망을 만들어냈다. 순간적으로 전날에 헬기로 촬영한 리허설 장면이 떠올랐다. 나는 즉각 전날 항공 촬영분을 방영하도록 지시했다. 그리고 그 화면이 방송되는 동안 김덕수 사물놀이패를 준비시켰다. 아찔한 순간이었으나, 다행히 빗속에서 펼쳐지는 한국 전통문화에 감동을 더 많이 받았다는 평을 받게 됐다.

현장에서 활동을 하다 보면 순간순간 수많은 제약과 문제에 직면한다. 애초부터 일을 안 하면 몰라도 이는 어차피 피할 수 없는 일이다. 그러므로 불평하고 회피하려 하지 말고 정면으로 승부하는 게 상책이다. '어떻게든', '가까스로', '기어코'라는 마음이 있으면 모든 문제는 해결되게 되어 있다. 중요한 건 문제를 해결하고 싶다는 강력한 의지이다. 사실 문제를 해결하지 못하는 가장 큰 이유는 문제 자체에 매몰되기 때문이다.

2011년 3월, SM의 이수만 회장은 고민에 빠졌다. 도쿄에서 보아를 비롯해 소녀시대, 동방신기, 슈퍼주니어, 샤이니 등의 소속가수들을 모아 〈SM타운〉이라는 초유의 대규모 콘서트를 준비했는데, 일본에 최악의 쓰나미가 닥친 것이다. 콘서트는 취소되고, 만만치 않은 투자비용이 모두 날아갈 판이었다. 모두가 닥쳐 온 위기에 허둥대면서, 어떻게 하면 손해비용을 최소로 줄일 수 있을지 고민할 때 이수만 회장의 시선은 다른 데가 있었다.

'우리는 모든 준비를 마쳤다!'

'우리의 무대는 도쿄 말고도 많지 않을까?'

도쿄의 문이 닫히자 새로운 문이 그들에게 열린다. 마침 프랑스대사관과 프랑스문화원에서 〈한국의 날〉 행사를 준비하고 있었다. 장소는 프랑스 파리. 이미 소녀시대가 출연 제안을 받은 적이 있었다고 한다. 상황이

급변하자 SM은 아예 이 행사를 자신들이 주최하겠다고 나섰다. 그러고는 도쿄 콘서트보다 더 크고 강렬한 무대를 꾸몄다. 유럽의 유명한 음악 프로듀서들도 부르고, 홍보도 강하게 치고 나갔다. 이 행사가 바로 2011년 유럽을 뜨겁게 달궜던 〈SM타운 라이브 월드투어〉의 시작이다. 프랑스에서 열린 문은 유럽을 거쳐, 미국을 넘어 다시 상하이, 도쿄 등 아시아로 이어진다.

세계적인 그래픽 디자이너이자 컴퓨터 공학자인 존 마에다John Maeda는 "제약이 많을수록 더 나은 해결책이 나온다."는 디자인 업계의 오래된 정설을 고백했다.[15] 그의 말대로 제약은 결코 우리의 비즈니스를 방해하지 못한다. 마음먹기에 따라 오히려 더 큰 도약의 기회, 새로운 문을 열어 주는 것이다.

세 번째 트랙 : 현장에 집약하다

# 대중은 스포일러를
# 원하지 않는다

대중이 콘텐츠 안에서 즐길 수 있도록 최적의 환경을 만드는 것도 우리의 역할이다.
우리는 대중이 보고 싶어 하지만 보지 못하는 욕구마저 발견해야 할 의무가 있다.

다음은 마케팅 전문가 홍성태 교수가 한 말이다.[16]

"20세기 마케팅이 소비자들의 수요needs를 정조준했다면, 21세기에는
그들의 욕구wants를 발견하고 자극해 '습관화'하는 것이 핵심 수단이 됐
다."

물론 대중의 욕구를 제대로 파악하기란 난해한 일이다. 그럼에도 비즈
니스와 관련된 대중의 욕구에는 분명한 지점이 하나 있다. 대중 스스로
가 해당 비즈니스 안에서 마음껏 즐기고 싶어 한다는 점이다.

〈무한도전〉의 김태호 PD가 "우리에게는 알 권리보다 시청자들의 볼
권리가 중요하다."라는 말을 한 적이 있다. 〈무한도전〉의 아이템이 사전

에 연달아서 기사로 노출되자 속상해서 한 말 같다. 그런데 2012년에 놀라운 일이 발생했다. 〈무한도전〉의 아이템 중 하하와 노홍철이 대결을 벌이는 내용이 있었는데, 안타깝게도 MBC 파업으로 6개월간 그 결과가 방영되지 못하는 상황이 벌어졌다. 하지만 그 6개월 동안 승부 결과는 전혀 유출되지 않았다. 1,000명 이상의 관객이 찾아온 공연이고, 〈무한도전〉의 인기가 낮은 것도 아니며, 프로그램의 주 시청자 층이 SNS에 가장 민감한 젊은 층인데도 말이다. 이는 대중이 6개월 동안 자발적으로 인터넷에 승부 결과를 유포하지 않았기 때문에 가능한 일이었다.

사실 대중은 스포일러(spoiler, 사전정보)를 원하지 않는다. 미국의 의학자이자 문필가였던 올리버 홈스Oliver Wendell Holmes의 "사람들은 양적으로가 아니라 극적으로 판단한다."는 말처럼 대중은 자신이 원하는 콘텐츠에 철저하게 몰입하고 싶어 한다. 영화 〈캐빈 인 더 우즈The Cabin in the Woods〉를 만든 드류 고다드Drew Goddard 감독도 "관객은 등장인물과 동일한 경험을 해야 한다."라는 말로 콘텐츠 밖이 아닌 '안'의 존재가 되고 싶어 하는 대중의 심리를 설명했다.

그럼에도 우리 스스로가 스포일러를 유출해 대중의 흥미를 반감시키는 경우도 있다. 2012년 7월에 〈남자의 자격〉의 멤버가 일부 변경되는 과정에서 배우 차인표가 고정으로 출연한다는 소식이 기사화됐다. 속을 들여다보면 차인표도 출연을 진지하게 고민하던 중이었다. 하지만 기사가 먼저 나가고, 수많은 댓글과 함께 대중의 기대가 커지자 제작진과 본인

세 번째 트랙 : 현장에 집약하다

에게 부담으로 다가왔다. 결국 차인표는 다음 기회에 같이 하자는 약속과 함께 출연을 포기하고 만다. 대중이 그의 출연을 매우 원하고 있음에도, 이를 성사시키지 못한 데 대해 우리는 책임을 통감했다. 애플이 아이폰 시리즈의 제작 과정을 철저하게 비밀에 부치는 이유도 깨달을 수 있었다. 또 할리우드 블록버스터 영화들이 왜 배우들과 출연 계약을 맺을 때 시나리오 유출 금지 항목을 계약 조항으로 삽입하는지도 의문이 풀렸다. 스포일러를 유출하는 것은 대중이 콘텐츠에 몰입할 수 있는 기회를 빼앗는 큰 잘못일 수도 있기 때문이다.

KBS 예능국 직원들이 가장 많이 받는 질문 중 하나가 바로 〈1박2일〉의 다음 촬영지가 어디냐는 것이다. 〈1박2일〉의 촬영지가 되면 관광지로 인기가 높아지기 때문이다. 하지만 소수의 스태프들 외에는 누구도 미리 장소를 알 수 없다. 사전에 발생할 문제를 차단하기 위해서다. 나의 치밀한 후배 PD들은 절대 스포일러를 유포하지 않는다.

이같은 행동이 대중을 대하는 가장 바람직한 모습이다. 우리는 대중에게 콘텐츠를 돌려줘야 한다. 대중이 콘텐츠를 제대로 즐길 수 있도록 환경을 만들어주는 것도 우리의 책무다. 콘텐츠는 절대로 우리의 소유물이 아니다. 그러기 위해서는 콘텐츠의 몰입을 방해하는 모든 것을 제거해야 한다. 스포일러는 당연히 유포 금지다.

# 플랜 B는
# 일찍 꺼내드는 게 아니다

최선을 추구하는 시간이 짧은지 긴지에 따라 콘텐츠의 우수성은 큰 차이를 보인다.
분명한 건 차선책을 꺼내드는 시점이 빠를수록 최선을 추구하는 시간이 짧아진다는 거다.

후배들에게 항상 강조하는 이야기가 있다. 모든 일을 쉽게 배우려 해서도, 쉽게 하려고 들어서도 안 된다는 말이다. 물론 경험이 쌓이면 모든 일은 숙련되기 마련이다. 위기조차 쉽게 해결하는 법을 터득하게 되는데, 그것이 이를테면 노하우다. 하지만 노하우를 믿고 일을 하면 관성과 매너리즘에 빠질 수도 있다. 특히 콘텐츠를 창조하고 제작하는 사람들은 그러한 위험에 더욱 크게 노출되어 있다. 항상 '새로움'을 찾아 여행을 떠나야 하는데, 관성과 매너리즘은 이 새로움의 가장 큰 적이다.

'플랜 B(Plan B)'라는 용어가 있다. 잘 알다시피 미리 준비한 또 하나의 계획이란 뜻이다. 창조적 활동을 실행하는 사람들은 플랜 B를 가슴

속에 하나씩은 가지고 다닌다. 만에 하나 프로젝트가 실패할 가능성도 염두에 두어야 하기 때문이다. 하지만 플랜 B는 절대로 일찍 꺼내들면 안 된다. 두세 번 더 도전해봐도 되는 상황에서 스스로 기회를 막을 필요는 없다. 플랜 B는 차선이지 최선이 아니기 때문이다. 차선책은 말 그대로 최고의 콘텐츠가 될 수도 없거니와, 단지 대중들에게 내밀 수 있을 정도지, 절대로 그들을 매료시킬 수 없다.

토크쇼는 게스트 섭외에서 승패가 판가름 난다. MBC〈무릎팍도사〉도 섭외를 잘해서 일정 정도 효과를 보았고, 최근에는 SBS〈힐링캠프, 기쁘지 아니한가〉와 KBS〈승승장구〉가 게스트의 덕을 보았다. 그렇다면 섭외를 잘하는 비결은 뭘까?〈힐링캠프, 기쁘지 아니한가〉는 차인표를 섭외할 때까지 1년 동안 그의 모든 행사에 스태프가 찾아갔다고 한다. 가수 이장희가〈무릎팍도사〉에 출연한 이유는 울릉도까지 찾아온 PD의 정성 때문이었다. 남현주 PD는〈이야기쇼 두드림〉의 진행자로 소설가 황석영 작가를 캐스팅하기 위해 6개월간 공을 들였다. 주위에서는 절대 황석영 소설가가 진행을 맡는 일은 없을 거라며 말렸지만, 그는 포기하지 않았고, 결국 해냈다.〈불후의 명곡〉의 고민구 PD는 매주 전국을 돌고 있다. 송창식, 신중현 등 베테랑 가수들의 출연 가능성을 타진하기 위해서다.〈승승장구〉의 박지영 PD도 마찬가지다. 2012년에는 SBS〈K 팝스타〉로 화제를 모은 가수 보아가 그의 노력에 감동해서 컴백 무대로 SBS가 아닌 KBS〈승승장구〉를 선택해 방송가의 화제가 되기도 했다.

이는 모두 해당 게스트를 기필코 섭외하고 말겠다는 제작진의 절박함이 만들어낸 성과라 할 수 있다. 원래 진심은 부지런해야 더 잘 통하는 법이다.

일본 무인양품의 CEO인 마쓰이 타다미쓰는 "길이 두 갈래일 때 반드시 더 좁고 어려운 길을 택한다."고 말한다.[17] 쉬운 선택과 차선책은 관성과 매너리즘에 가까운 법이다. 때로는 가슴 한편에 플랜 B 따위는 없는 게 우리들을 위해 더 좋다.

# 모두를 만족시킬 수는 없다

모두를 만족시키려는 마음가짐은 욕심이다.
우리 역시 모든 콘텐츠를 만족하며 구매하는 건 아니기 때문이다.

이 책의 초고가 어느 정도 완성되자, 독자들의 반응이 어떨지 궁금해졌다. 생각해보니 최근 들어 내가 동료들에게 피드백을 주는 경우는 있어도 받는 경우는 별로 없었던 것 같다. 오히려 그런 새로움에 설레기도 했다. 그래서 내가 집필했다는 사실을 숨긴 채 주위 동료들에게 원고를 보여주고 피드백을 청했다. 다행히 결과는 매우 긍정적이었다. 그러자 약간의 자신감과 함께 더 많은 독자들의 반응을 알고 싶은 욕심이 생겼다. 내친 김에 평소 알고 지내는 한 여성 작가에게도 피드백을 요청했다. 그런데 그녀의 반응이 나를 적잖이 실망시켰다. 자신이 이런 책을 좋아하지 않는다는 전제를 달긴 했지만, 왠지 공감되지 않는다는 것이다. 문득 정체 모를 좌절감이 엄습했다.

고민 끝에 이 책을 출간하기로 한 출판사 대표를 찾아갔다. 자초지종 반 하소연 반의 내 얘기를 듣던 대표가 조용히 일어나더니 어떤 원고를 주면서 한번 읽어보라고 했다. 젊은 친구들에게 보내는 글이었고, '잘 쓴 원고'라는 생각은 들었지만 나로서는 딱히 공감되는 내용도 재미도 없어 보였다. 그렇게 말하자 출판사 대표가 환하게 웃더니 "이 원고가 현재 200만 부 가까이 판매된 《아프니까 청춘이다》의 초고예요."라고 말하는 거다. 아차 싶었다. 베스트셀러도 감식하지 못하다니. 하지만 출판사 대표는 내가 그 책의 타깃 독자가 아니기에 당연한 결과라고 조언했다. 그리고 이렇게 덧붙였다. "그 주제에 대해 가장 오랜 시간 고민하고, 경험하고, 갈구해 온 사람들만이 그 콘텐츠를 가장 잘 판단할 수 있지 않을까요? 모두를 만족시킨다는 건, 결국 아무도 완벽히 만족시키지 못한다는 얘기죠."

이지훈 기자가 쓴 《현대카드 이야기》에는 "시장조사를 하면 오히려 최초의 아이디어가 위축되거나 두루뭉술하게 각이 사라진다고 믿는다."는 내용이 나온다.[18] 시장조사가 불필요하다는 뜻이 아니다. 다만 시장조사를 하려거든 제대로 된 조건을 갖춰야 한다는 내용이다. 잘못된 시장조사는 오히려 해가 될 수도 있다. 아무리 대중적인 콘텐츠를 원한다 해도 모두를 만족시킬 수는 없다. 모든 콘텐츠에는 핵심 타깃이 존재한다. 그래서 피드백 과정에서도 타깃에 맞는 구성원 선발이 가장 중요하다. 앞에서 말한 차태현의 아내처럼 같은 지향점을 가지고 콘텐츠를 가장 잘 이해하

세 번째 트랙 : 현장에 집약하다

는 단 한 사람의 의견이 10명의 여론보다 나을 수도 있다.

반대로 누군가의 아이디어에 피드백을 줄 때는 고도의 학습과 연구가 필요하다. 피드백을 주는 사람은 약간의 아이디어만 들어도 전체 윤곽까지 감지해낼 줄 알아야 한다. 그래서 우리는 피드백을 주는 과정에서 더 많은 학습을 하게 된다. 아울러 피드백은 기획 자체를 충분히 이해한 상태에서 이뤄져야 한다. 기획의 핵심 골격을 흔들어서는 절대로 안 된다. 만약 새로운 방향을 제시하고자 한다면 '왜'와 함께 대안도 제시해야 한다. 그래서 피드백이 제일 어려운 법이다.

피드백을 겸허히 수용하고 점검하는 자세는 반드시 필요하다. 하지만 모든 피드백이 반드시 옳다는 강박을 가질 필요는 없다. 해당 콘텐츠에 대해 우리만큼 잘 해석할 수 있는 사람이라면, 혹은 같이 책임을 질 사람이라면 몰라도 대부분은 당사자만큼 깊이 있게 고민하지도 않거니와 때로는 비판을 위한 비판을 하는 경우도 많기 때문이다. 피드백이 엇갈리거나 확실한 대안도 없는 비판이라면 차라리 불안 대신 확신을 가져보자. 어차피 콘텐츠는 공개된 후 끊임없이 대중의 평가를 받게 되어 있다. 잠시 마음의 여유를 갖고, 제대로 된 평가를 받기 위해 숨을 고를 필요도 있다.

1 경험화 Experience

2 체계화 Organize

3 제작화 Produce

4 편집화
Edit

5 진화화 Evolve

의외성을 포착하다

생각을 건져 올리다

현장에 집약하다

**네 번째 트랙**
## 의도를 세우다

현장에서 만든 제작물은 일정 정도의 가공 작업을 통해 대중에게 전해진다.
이 과정에서 종종 아이디어 단계에서 세웠던 콘텐츠의 제작 이유를 망각할 때가 많다.

가치를 확장시키다

생각을 바꾸면 모순이 보인다. 그리고 모순을 극복하면 창조로 이어진다.
– 사이먼 리트빈Simon Litvin, 젠3연구소 부사장 –

음악의 아버지 요한 세바스찬 바흐 Johann Sebastian Bach의 〈무반주 바이올린 Partita No.2 in d minor BWV.1004〉 중 5악장인 〈샤콘느 chaconne〉는 부조니Ferruccio Benvenuto Busoni의 편곡본이 더 유명하다. 부조니는 바흐가 작곡한 원곡의 구조를 따르면서도 더욱 기교가 있고 화려하게 편곡했다. 바흐보다 더 바흐의 심리를 이해한 편곡이다. 마찬가지로 최근 〈나는 가수다〉와 〈불후의 명곡 : 전설을 노래하다〉는 기라성 같은 가수들과 젊은 스타들이 원곡을 재해석하여 화제가 되고 있는데, 이 역시 편곡의 힘이다. 영화 〈건축학개론〉의 음악감독을 맡은 이지수는 "작곡이 건물의 골조를 만드는 것이라면 편곡은 인테리어에 해당한다."고 말한다. 그렇다. 편곡은 음악의 인테리어다. 그리고 인테리어는 공간을 재해석한 결과물이다. 말하자면 편곡은 곡에 대한 재해석이라 부를 수 있다.

우리가 네 번째 트랙에서 집중적으로 살펴볼 편집의 과정도 마찬가지다. 방송으로 말하면 현장에서 제작한 콘텐츠를 재해석하여 인테리어하는 것이 편집이다. 보통 〈1박2일〉이 한 번 촬영을 나갈 때면 45분 분량의 테이프를 500개까지 준비한다. 방송이 80분 정도 방영되는데 분량은

375시간 정도 담겨 있으니, 핵심 장면 중심으로 재해석하는 과정이 반드시 필요하다. 해석이 있어야 구성도 나오는 법이다.

또한 우리는 편집의 재해석 과정을 통해 콘텐츠의 새로운 가치를 창조할 수도 있다. 김정운 교수는 말한다. "모든 것은 끊임없이 구성되고 해체되고 재구성된다. 이 과정을 나는 '편집'이라고 해석한다."[1] 그래서 아이디어 단계에서는 생각지도 못했던, 현장에서는 지나치고 말았던 가치들을 다시 찾아내는 작업도 편집의 역할에 해당된다. 편집에서는 우리의 의도가 더 중요해진다. 모든 구성은 우리가 세운 의도에 따라 진행되기 때문이다.

〈뮤직뱅크 인 홍콩〉의 마지막 무대는 출연 가수들이 전부 모여 '아리랑'을 부르는 장면으로 꾸며졌다. 이때 방송 장면을 무대 위 가수로만 한정하는 것보다, 객석에서 '아리랑'을 따라 부르는 아시아의 전 관객까지 잡아내는 것이 대중에게 더 큰 감동을 선사할 수 있다. 그리고 이는 애초부터 K팝을 통해 한국 문화를 전 세계에 전하고픈 우리의 의도에서 세워진 것이다.

생각을 지휘하는 단계를 정리해보자. 첫 번째 트랙인 경험의 과정에서는 확산(WIDE)을 원칙으로 했다. 그러나 두 번째와 세 번째 트랙인 체계화와 제작화에서는 타깃에 맞춰 좁혀(FIT)가는 것이 더 유리하다. 타깃이 확실해야 아이디어와 제작이 효과적이기 때문이다. 하지만 네 번째 트랙인 편집화 과정부터는 다시 넓혀야(WIDE) 한다. 무엇보다 타깃층을 확산시키는 게 중요하다.

# 개체에서 벗어나
## 군群으로 승부한다

자신의 생각을 확산시키지 못하는 사람은
타인의 의견도 수렴하지 못한다.

편집화의 단계에서 가장 중요한 핵심은 두 가지다. 첫 번째는 앞서 말했듯이 기획이나 제작의 의도를 세우는 것이다. 의도가 분명히 세워지지 못한 콘텐츠는 모래 위에 지은 성처럼 쉽게 허물어지는 법이다.

그리고 두 번째 핵심은 타깃을 넓히는 것이다. 제작 단계까지는 최초 타깃에만 집중해도 충분하다. 하지만 편집의 단계에서는 타깃을 넓힐 수 있는 여러 장치를 고안한다. 콘텐츠는 우리에게 자녀와 같다. 엄청난 고통을 통해 출산해낸 콘텐츠를 단지 소수의 수요에만 한정한다면 그것은 부모의 도리가 아니다. 편집은 어린 아이와 같은 콘텐츠를 교육하고, 성장시켜서 어엿한 어른이 되도록 만들어주는 단계다. 어른이 된다는 것은 사회적 관계가 확장된다는 의미라 할 수 있다. 한 명의 개체에서 벗어나

집단인 군으로 확장되는 과정, 이것이 어른으로의 성장 과정이다. 콘텐츠도 이런 과정을 거친다. 예를 들어보자. 최초에 20대 여성을 타깃으로 잡았다면, 편집 단계에서는 그들의 남자 친구들까지 수용 대상을 확대시킬 수 있는 확산 방법을 고안할 필요가 있다.

KBS 예능국은 '인포테인먼트infortainment' 방송 프로그램에 대한 고민을 많이 한다. 인포테인먼트 방송이란 정보information와 오락entertainment이 결합된 프로그램인데, 대표적으로 〈스펀지 2.0〉, 〈비타민〉, 〈위기 탈출 넘버원〉이 유명하다. 하지만 정보만 가지고는 재미를 주기 어렵다.

〈위기 탈출 넘버원〉을 담당하는 정미영 PD는 한 인터뷰에서 "정보와 재미의 비율을 따져보면 정보가 80%고 나머지 부분이 재미를 주는 요소다."라고 분석했다. 맞다. 남은 20%를 어떻게 편집하느냐에 따라 콘텐츠의 생명이 좌우된다. 그래서 우리가 선택한 요소는 세 가지다. 첫 번째는 대중의 정서다. 예를 들어 〈위기 탈출 넘버원〉은 아이의 안전을 바라는 부모의 정서를 담아내는 데 주력한다. 그리고 또 하나의 방법은 추리적 요소를 가미하는 것이다. "갑자기 왜?"라는 독자의 흥미를 끌 수 있는 추리적 요소를 삽입하면 대중의 몰입도를 높일 수 있는데, 대표적인 프로그램이 〈스폰지 2.0〉이다. 마지막 요소는 당연히 예능 프로그램 본연의 목적인 재미다. 그래서 인포테인먼트 프로그램을 편집할 때 우리는 가장 먼저 재미의 요소를 찾아내는 데 중점을 둔다.

2013년 5월 현재, 국내에서만 200만 부 가까이 판매된 것으로 알려진 《아프니까 청춘이다》의 최초 타깃 독자는 대학생이었다고 한다. 하지만 초고를 읽은 에디터들이 타깃을 확장시켜보겠다는 의도 속에, '청춘'과 '위로'라는 키워드를 찾아냈고, 이를 전체 편집 과정에 투영하면서 베스트셀러로 만들어냈다. 그동안 우리는 타깃을 모으는 데 집중해왔다. 하지만 이제부터 중요한 것은 타깃을 확장시키는 작업이다. 물론 모두를 만족시킬 수는 없다. 하지만 연결할 수 있는 계층까지 최대한 확장시키는 자세가 필요하다. 그래서 팀 브라운도 "디자인은 수렴하는 것이 아니라 확산되는 것이다."라고 말하지 않았던가.[2] 개체에서 군으로 확산되지 못한 콘텐츠는 소수의 마니아들도 지켜내지 못할 것이다.

▼

# 모든 단점은
# 가장 위대한 장점이다

가장 먼저 우리가 해야 할 일은 무엇이 단점인지부터 파악하는 일이다.
그렇게 파악된 단점은 일단 긍정하라.
그 자체로 이미 단점을 극복하게 된다.

▼

"자신의 약점을 보완해봐야 평균밖에 되지 않는다. 차라리 그 시간에 자신의 강점을 발견해 이를 특화시켜나가는 편이 21세기를 살아가는 방편이다."

금세기 최고의 경제학자라 불리는 피터 드러커가 약점과 강점에 대해 한 말이다.

지금의 우리를 돌아보자. 약점을 부정만 하면서 비즈니스 현장에 나서고 있는 건 아닐까? 다음 사례를 살펴보자.

지금은 은퇴한 야구선수 김재현은 고관절 수술을 받고 수비를 못하게 됐다. 2000년대 초반까지만 해도 수비를 못 하는 야구선수는 생명력이 없었다. 하지만 SK 와이번스 야구 팀의 감독이었던 김성근은 "수비를 못해도 공격은 잘하잖아."라며 그를 스카우트한다. 그리고 김재현은 수비를 하지 않는 지명타자였지만, 4번 타자로 나와 SK 와이번스의 우승 주역이 되었다.

　편집 과정에서 가장 먼저 할 일은 약점 및 단점을 찾아내는 일이다. 단점을 파악하면 반대로 장점의 가능성이 보인다. 우리는 이를 '매력'이라고 부른다. 《이끼》, 《미생》 등으로 유명한 만화가 윤태호 역시 "그림을 별로 못 그리거나 내용이 떨어져도 그 작품이 매력 있다면 그것이야말로 진짜 작품이다."라며 매력의 중요성을 설파한다.

　〈1박2일〉은 실제 방송보다 녹화할 당시가 더 재미있다는 생각을 할 때가 많았다. 그러다 보니 간혹 우리가 녹화 현장의 재미를 제대로 담아내지 못하는 것이 아닐까 하는 반성이 들기도 했다. 출연자들의 다소 산만하지만, 그렇기에 더욱 유쾌한 모습을 한 화면 안에 모두 잡아내기가 곤란했기 때문이다. 대표적인 인물이 김C였다. 우렁찬 강호동의 목소리에 그의 심드렁한 멘트가 종종 묻혀버렸다. 그래서 이런 단점을 극복하기 위해 우리가 선택한 방법은 '자막'이다.

　우선 강호동은 빨간색, 이승기는 민트색 등으로 출연자들마다의 자막색을 달리했다. 누가 웃음을 던지는지 자막 색만으로도 알 수 있게 하기 위해서다. 그리고 현장에서 잘 들리지 않는 목소리도 자막으로 살릴 수 있도록 편집해서, 이 부분들이 묘한 웃음의 포인트로 작용하도록 했다. 종종 TV를 시청하는 대중의 입장에 입각한 자막도 선보이는데, 주로 '복불복' 게임을 할 때 많이 사용한다. 개인적으로도 기억에 남는 자막이 복불복 게임에서 나왔던 '나만 아니면 돼.'라는 표현이다. 실제로 이 표현이 한동안 대중 사이에서 회자됐는데, 자기를 빼고 '나만 아니면 된 거지.', '나만 안 걸리면 된다.'는 약간은 이기적이고, 철없는 남자들의 솔직한 심정을 필터링 없이 드러냈기 때문이라고 생각한다. 물론 〈1박2일〉의 자막을 만드는 과정은 참으로 고통스럽다. 총 네 번 정도의 프로세스를 거칠 정도다. 최초로 조연출이 가장 먼저 삽입하고, 이를 작가가 다시 가공한 뒤, 세 번째로 담당 PD가 편집한다. 그리고 최종 편집 과정에서 모든 스태프가 모여 다시 다듬는다. 이런 지난한 노력을 거쳐야 비로소 한 편의 자막이 탄생하는 것이다.

박태환과 손연재, 양학선을 담당하는 스포츠 심리학자 조수경은 "단점을 알고 인정하게 되면 보완하고 다듬고 싶은 욕구가 생긴다."라고 말한다.[3] 우리가 가진 한계가 기회의 시작이다. 신동엽은 청각 장애를 가진 형을 즐겁게 해주기 위해 고민하다가 자신에게 개그의 재능이 있음을 깨달았다. 아이돌 그룹 슈퍼주니어는 같은 소속사의 동방신기에 밀려 큰 주목을 받지 못했지만 그런 한계가 오히려 멤버들을 각성시켰고, 이를 보완한 결과 아시아에서 가장 인기 높은 K팝 스타가 됐다.

스토리텔링에서는 장점보다 단점을 극복해내는 과정이 원래 더 재미있다. '엄친아' 캐릭터보다는 '캔디' 캐릭터의 성공담이 대중의 마음을 사로잡는다. 그래서 콘텐츠의 단점을 장점으로 승화하는 능력이 무엇보다 중요하다.

네 번째 트랙 : 의도를 세우다

# 어려우면 막히고
# 쉬우면 먹힌다

도전에도 맥락이 있어야 한다.
우리의 실험은 대중이 납득할 만한 범위 안에서 이루어져야 한다.
우리는 어려운 길을 가되, 대중에게는 쉬운 길로 안내해야 한다.

K컬처 붐이 전 세계로 확산 중이다. 이란에 IRIB라는 가장 영향력 높은 방송사가 있는데, 한류 드라마가 엄청난 인기를 끌고 있다. 특히 〈주몽〉은 시청률이 80%를 넘기도 했다. K팝은 더 큰 인기를 모으고 있다. 얼마 전 펩시코PepsiCo의 인드라 누이Indra Nooyi 회장이 한국을 방문할 때 자신의 둘째 딸을 데리고 와서 화제가 된 적이 있는데, 딸이 샤이니의 엄청난 팬이어서 함께 K팝 공연을 관람하러 왔다고 한다.

남미의 K팝 붐은 상상을 초월할 정도다. 특히 칠레는 전국적으로 K팝 팬클럽수가 200여 개에 달하고, 2만여 명의 회원이 활동한다. 그들이 자체적으로 진행하는 〈K팝 콘테스트〉는 최고의 청소년 문화 축제로 자리를 굳혔다.

세계적으로 K팝이 히트를 치는 이유는 대중에게 쉽게 받아들여지기 때문이다. 한국을 모르는 세계인들이 봤을 때도 K팝 음악은 쉽고, 예쁘며, 신이 난다. 또한 춤은 역동적이면서도 따라 하기가 쉽다. 이 부분이 경쟁력이다. 2PM의 '10점 만점에 10점'이라는 노래 중 후렴구가 나오면 전 세계 관객들이 모두 일어나 따라 부르며 춤을 춘다. 이는 애초에 노래를 만들 때 귀에 '쏙쏙' 들어오도록 운율을 잘 구성했기 때문이다. 제작 단계부터 대중에게 잘 각인되도록 구성한 것이 정확하게 먹혀든 예라고 볼 수 있다.

헝가리의 음악가 졸탄 코다이Zoltan Kodaly는 "어려운 음악을 평범하게 연주하는 것보다 쉬운 음악을 아름답게 연주하는 것이 훨씬 좋다."고 말했다.[4] 영화 〈좋은 놈, 나쁜 놈, 이상한 놈〉의 감독 김지운도 "별것 아닌 얘기로 두 시간을 흥미진진하게 만드는 사람이 진짜 장인이고 전문가라고 본다."라고 주장한다.[5] 대중에게 쉽게 받아들여지도록 만드는 건 정말로 쉬운 일이 아니다. 완벽하게 알지 못하면 쉽게 전달할 수 없기 때문이다. 철저하게 준비해야만 쉽게 대중에게 다가갈 수 있다.

싸이의 '강남스타일'은 작곡과 안무 과정에 엄청난 노력을 투자했다. 히트 상품인 '말춤'은 YG에 소속된 모든 댄서들을 대상으로 연 공모전에서 나온 명작이다. 또한 실제 음악평론가들은 '강남스타일'이 전혀 쉬운 구성이 아니라고 말한다. 싸이가 대중에게 쉽게 받아들여지도록 곡을 구성했기에 성공한 것이라는 평가가 지배적이다. "진정한 단순함을 추구하려면 정말 심층적으로 접근해야 한다."는 스티브 잡스의 말이 떠오른다.

'쉽다'는 '유치하다' 혹은 '애들 같다'의 의미가 아니다. '명료하다'라는 뜻이다. 대중이 쉽게 접근할 수 있는 콘텐츠는 명확하고 단순하면서도 기본이 잘 갖춰져 있다. 반면에 어렵게 다가오는 콘텐츠는 복잡하기만 할 뿐이다. 복잡하면 전달력이 떨어진다. 또한 자신의 의도가 불명확할 때 콘텐츠는 복잡해지기 마련이다. 의도가 분명하게 세워지면 충분히 쉬운 언어로도 전달이 가능하다. 그러면 콘텐츠는 친숙해진다. 홍성태 교수는 대중이 "친숙하지 않은 것보다 친숙한 것을 더 좋아하고, 알려지지 않은 것보다 알려진 것을 더 좋아하는 경향이 있다."고 분석한다.[6] 대중은 '저기 멀리' 있는 것보다, '지금 여기' 있는 친숙하고 쉬운 콘텐츠에 매력을 느낀다. 그런데 우리들은 왜 저기 멀리 있는 것들만 대중에게 내놓는지, 가끔 의문이다.

# 먼저 웃지도,
# 울지도 않는다

나그네의 옷을 벗기는 건 바람이 아니라 햇빛이다.
세상을 바꾸는 일도 선동이 아니라 교감에서부터 시작된다.

프로그램을 연출하면서 혼자 울컥한 기억이 참으로 많다. 지금도 떠오르는 인물로 〈사랑의 리퀘스트〉에 출연했던 홍의현이란 소년이 있다. 여섯 살이었던 그 소년은 신부전증 환자인 아버지를 도와달라고 우리에게 편지를 보냈다. 하지만 당시 우리는 신장 기증자를 찾지 못해 도움을 줄 수 없었다. 그런데 14년 후, 그 소년은 스무 살 청년이 되어 우리 앞에 다시 나타났다. 자기 신장을 떼어서 아버지한테 주겠다며, 우리에게 두 번째로 도움을 요청한 거다. 이런 사연 앞에서 누가 눈물을 보이지 않을 수 있겠는가. 그럼에도 내가 철칙으로 삼는 연출의 원칙이 있기에 나는 눈물을 최대한 감추었다. 시청자인 대중에게, 내가 느끼는 감정을 그대로 강요하는 연출을 절대로 하지 않겠다는 원칙이다. 대중이 스스로 느끼고

네 번째 트랙 : 의도를 세우다

판단하면 된다. 억지로 감정을 강요해서는 절대로 안 된다. 그래서 편집을 할 때 우리는 먼저 울지도, 웃지도 말아야 한다. 대중보다 먼저 눈물을 흘리는 연기는 반감만 산다. 대중보다 먼저 웃어버리는 개그는 김이 새기 마련이다. 그래서 판소리 명창 신영희는 "소리를 내기 전에 흥이 나면 안 돼."라며 우리에게 쉽게 흥분하지 말 것을 당부한다. 비즈니스는 선동으로 이루어지는 것이 아니다.

영화 〈베를린〉으로 대중을 휘어잡은 류승완 감독이 "예술가들은 끊임없이 문제제기를 하는 사람들이지, 답을 찾아주는 사람은 아닌 것 같다."라는 말을 한 적이 있는데, 절대적으로 동감한다.[7] 우리는 대중에게 답을 주는 사람이 아니다. 대중은 콘텐츠와 플랫폼에서 스스로 답을 찾는 주체다. 사실 플랫폼은 놀이터에 불과하다. 그리고 콘텐츠는 그곳에서 놀수 있는 놀이의 온갖 종류일 뿐이다. 대중은 자신이 마음에 들어 하는 놀이터(플랫폼)에서 몇몇 매력적인 놀이 콘텐츠를 즐기다가, 시간이 지나면 스스로 새로운 놀이를 만든다. CBS 라디오에서 〈세상을 바꾸는 시간 15분〉을 연출하는 구범준 PD가 "자본주의 사회에서 돈을 주고 살 수 없는 것, 오직 진정성으로만 살 수 있는 것이 대중의 자발성이다."라고 말했듯이 우리는 대중의 선택에 항상 존중을 표해야 한다.[8] 사실 K팝도 대중의 자발성에 힘입어 커다란 성과를 냈다고 볼 수 있다. 유튜브를 비롯한 SNS라는 매력적인 플랫폼과 함께 말이다. CJ E&M의 신동영 차장은 "인터넷에서 접한 곡이 마음에 든 팬이 페이스북 등에서 추천해 평판이 순간적으로 온 세상에 퍼져, 폭발적인 팬 증가를 일으킨다."라고 그 히트 과정을 설명한다.[9] 이렇듯 대중은 눈 덮인 산자락에도 길을 만들어내는 법이다.

우리가 먼저 욕망을 표출하면 그만큼 대중의 필요나 욕구는 배제된다. 인터넷 기업 NHN을 공동 창업하고, 현재는 100만 벤처인을 양성하고 있는 김범수 카카오 이사회 의장의 말을 들어보자.[10]

"개발 과정에서 '개발자의 함정'에 빠지지 않게 각별히 주의했다. 베테랑 개발자일수록 소비자가 원하는 것보다는 평소 자기가 만들고 싶었던 것을 구현해보고 싶은 욕구에 빠지기 쉽다."

콘텐츠는 철저하게 대중과 호흡하며 진화해야 한다. 대중보다 늦어도 안 되지만, 너무 무리하게 앞선 보폭으로 뛰는 것도 위험하다. 우리는 자신이 얼마나 많이 아는지 콘텐츠를 통해 증명하려 들고, 이로써 대중을 계몽하거나 선동하려는 자세를 보이는 것에 경계심을 가져야 한다. 대중은 계도의 대상이 아니라 교감의 대상이기 때문이다.

생각이 과거의 경험을 토대로
시작된다면,
아이디어는 과거의 흔적을
지워내면서 발전한다.

▼

# 베타 버전이
# 더 유리할 수도 있다

대중은 우리에게 백점 만점의 결과물을 원하지 않는다.
백점을 향해 치열하게 노력했다면, 과감하게 놓아도 된다.
부족한 부분은 대중이 애정으로 채워줄 것이다.

▼

M.NET의 〈슈퍼스타K〉와 〈보이스코리아〉, MBC 〈위대한 탄생〉, 그리고 SBS의 〈K팝스타〉 등 노래를 소재로 한 오디션 프로그램이 계속해서 인기다. 이들 프로그램에 출연하는 인물들의 매력이 인기의 가장 큰 비결일 것이다. 그 매력에는 출연자들의 실력과 저마다의 감동적인 삶이 큰 부분을 차지할 텐데, 나는 여기에 한 가지 더 추가하고 싶다. 오디션 프로그램에 출연하는 인물들이 매력적인 건 그들의 성장 스토리가 담겨 있기 때문이다. 대중은 완벽한 대상보다 조금 부족할지라도 점차 성장해나가는 캐릭터와 스토리에 열광한다. 성장은 모든 대중이 원하는 가장 큰 매력점이다. 비즈니스 영역에서도 마찬가지다. 대중은 매번 함께 성장하길 꿈꾼다.

KBS가 2011년에 제작한 오디션 프로그램으로 〈도전자〉가 있다. '이 시대에 필요한 글로벌 리더를 선발한다.'는 슬로건과 함께 일반인 18명이 낯선 하와이에서 펼치는 서바이벌 콘셉트였다. 배우 정진영이라는 매력적인 인물이 진행을 맡았고, 참여한 일반인들도 대중의 시선을 끌 만한 사람이 많았다. 하지만 이 프로그램은 시청률 면에서 안타까운 성적표를 받아들고 말았다. 〈도전자〉는 하와이에서 사전 촬영을 모두 마친 뒤 방영했다. 이른바 사전 제작이다. 서바이벌 콘셉트상 대중의 반응을 살펴보고 수정하며 개선하는 편집 과정이 필요했지만 그럴 수 있는 여지가 충분치 않았다. 대중의 개입을 차단한 콘텐츠는 매력이 떨어질 수밖에 없다는 사실을 〈도전자〉의 시청률로 다시금 체험하게 됐다.

영화나 예술 작품은 대중보다 한 반자나 두 박자 이상 앞서서 제작한 뒤 대중의 평가를 받는 것이 유리하다. 하지만 예능 콘텐츠는 그렇지 않다. 드라마의 경우도 '작가주의'적인 성격의 콘텐츠라면 사전 제작을 하는 게 바람직하다. 그러나 대중의 반응과 밀접한 연관이 있는 콘텐츠인 경우에는, 사전 제작만이 정답은 아니다. 〈모래시계〉로 유명한 거장 김종학 PD도 의외로 사전 제작 드라마를 원하지 않는다고 한다. 콘텐츠는 대중의 반응에 따라 수정 가능해야 하기 때문이다.

일본 노무라 증권의 와타나베 겐이치 CEO는 "1시간 걸려서 100점을 받는 것보다 10분에 60점을 받는 것이 좋다."고 말했다.[11] 일찍이 피터 드러커도 "늦게 내려진 올바른 결정보다 빨리 내린 틀린 결정이 낫다." 고 주장하지 않았던가. 실행 과정의 민첩성을 중요시하는 얘기다. 편집을 하고 대중에게 선보이는 과정에서도 이런 전략적 민첩성이 요구된다. 우리가 지지부진하게 부여잡고 있다고 뚜렷한 대안이 나오는 것도 아니다. 그렇다면 차라리 먼저 공개하고, 대중의 평가를 받은 뒤 수정·보완하는 것이 옳을 수 있다. 그 과정에서 대중은 콘텐츠와 함께 성장하는 재미를 느낄 수 있고, 또 그 자체만으로 콘텐츠에 스토리를 부여할 수도 있다.

때로는 완벽한 콘텐츠보다 '베타 버전Beta Version'이 더 유리할 수 있음을 염두에 두자. 베타 버전이란 대중에게 무료로 배포하여 테스트와 오류 수정에 사용하는 시제품을 말한다. 스티븐 스필버그 감독은 "우리는 관객을 스토리텔링의 파트너로서 다시 우리 곁에 복귀시켜야만 한다."고 주장했다. 대중은 콘텐츠나 플랫폼을 매개로 엮인 우리의 파트너다. 그래서 우리의 부족함을 굳이 감추려 들기보다 먼저 보여주는 방법도 하나의 대안이 될 수 있다.

네 번째 트랙 : 의도를 세우다

# 디테일이
# 가장 중요한 건 아니다

중심을 잃으면 주변에 집착한다.
주변에 집착하면 중심은 아예 사라진다.

"내가 한 말이 모두 말은 아니다. 내가 말을 한 게 중요한 게 아니라, 상대가 알아들은 내용만이 말에 해당한다."

아트스피치의 김미경 원장이 해준 말이다. 우리는 대화를 할 때 자신의 입장에서만 메시지를 전달하려는 경향이 있다. 하지만 중요한 것은 상대가 받아들인 메시지다. 안타깝게도 인간은 들리는 말을 모두 수용하지 못하고, 보이는 현상을 전부 받아들이지 못한다. 인간은 무의식적으로 취사선택하여 자신이 원하는 말을 수용하고, 그 현상만을 받아들인다. 《생각에 관한 생각》을 집필한 행동경제학자 대니얼 카너먼Daniel Kahneman이 그래서 "인간이야말로 생각보다 미스터리하다."라고 말한 것이 아닐까?

우리는 비즈니스 현장에서 종종 세세한 디테일detail에 집착한다. 물론 디테일에 신경 쓰는 게 나쁜 건 아니다. 하지만 지나치게 디테일에 매몰되면 전체적 맥락을 잃을 수 있다. 콘텐츠 비즈니스에서는 대중이 각인할 수 있는 매력에 집중하는 것이 더 중요하다.

한국 영화감독 중 가장 디테일을 고집한다고 알려진, 그래서 '봉테일'로 불린다는 봉준호 감독은 오히려 그런 별명에 부담스러워하며 다음과 같이 말했다.

"디테일에 집착할 때는 그게 핵심에 연결되어 있을 때만 그렇게 한다."

한 편의 영화 안에는 자신이 말하고픈 메시지의 핵심이 있기 마련이고, 그 핵심과 연결되는 부분에서만 철저하게 디테일을 강조한다는 얘기다. 세세한 모든 부분까지 디테일에 신경 쓸 수 없다는 뜻으로도 이해된다. 마찬가지로 2012년 TVN에서 대히트를 거둔 드라마 〈응답하라 1997〉의 신원호 PD도 "디테일을 중시하되 이것 갖고 장사하지는 말자고 했어요. 드라마인 만큼 디테일의 힘보다는 핵심인 이야기에 더욱 충실하려고 노력했어요."라고 말한다.[12]

〈1박2일〉 초창기에 그룹 코요테의 멤버 신지가 게스트로 나와서 은지원에게 "오빠는 그런 것도 모르는 초딩(초등학생)이냐?"라고 한 장면이 있었다. 편집 과정에서 그 장면을 발견하고(물론 현장에서도 재미있게 받아들였지만) 전체적인 편집 방향을 수정하기로 했다. 은지원이 초딩이라는 이미지에 어울리게끔, 다른 촬영분은 배제하고 사회경험이 부족하고 세상물정에 어두운 모습과, 경쟁자인 강호동에게 마음속 얘기를 철부지 아이처럼 모두 털어놓는 장면을 부각시켜 편집한 것이다. 그 후에는 다들 잘 알다시피 은지원의 별명이 '은초딩', '국민초딩'으로 대중에게 각인됐다. 이렇게 핵심과 연결되는 부분에서만 철저하게 디테일을 지키면 된다. 핵심과 관계없다면 버려도 된다. 그래도 대중은 디테일에 아무런 지적을 하지 않는다. 은지원이 초딩이면 그걸로 만족하고, 충분히 재미있어할 뿐이다.

버릴 땐 버리고, 불필요한 부분이면 과감하게 생략해도 좋다. 어차피 대중도 자신이 선택, 배제, 결합, 가공하면서 즐기게 되어 있다. 모든 콘텐츠는 대중과 조우할 수 있는 시간이 한정돼 있다. 대중이 무한대로 즐길 수 있는 건 아니다. 오만 가지 것들을 다 담아내고 묘사할 수 있는 시간적 여유도 없거니와, 대중도 그런 편집을 바라지 않는다. 편집의 과정은 대중에게 해당 콘텐츠의 매력을 집중적으로 선보이기 위한 작업이라 할 수 있다. 버리고 버린 끝에 마지막까지 남은 핵심적인 매력이 그것이다. 그래서 광고 천재라 불리는 이제석도 "내 광고 철학의 핵심어는 '레스less'다. 짧고 단순한 이야기로 한 번 광고를 본 사람 가슴에 평생 진한 감동이나 여운을 남길 수 있을까 생각한다."고 말하지 않았던가.[13]

# 우리는 시대의
# 온도를 전한다

우리가 실수로 잡아낸 작은 단면도 누군가에게는 전체가 될 수 있다.
그래서 우리는 종종 왜곡된 장면을 대중에게 제시한다.

혹자들은 K팝 스타들이 춤은 잘 추는데 노래는 못 부른다고 평가한다. 하지만 이런 평가는 잘못되었다고 본다. 최근의 K팝 스타들은 격렬한 춤을 추면서도 라이브로 노래를 선보이는데, 그 실력이 예전에 비해 월등한 수준으로 성장했다. 그래서 우리는 그런 그들을 재평가받게 하고 싶은 마음에 〈불후의 명곡〉을 만들었다. K팝 스타들에 대한 또 다른 오해는, 어린 나이에 인기를 얻었으니 매우 거만할 것이라는 편견이다. 하지만 이 역시 올바른 평가가 아니다. 최근의 K팝 스타들은 인성도 매우 모범적이다. 요즘의 연예기획사들은 실력만이 아니라 인성교육까지 책임지기에 그럴 수밖에 없다.

우리는 왜 K팝 스타들에 대해 이런 오해를 품고 있을까? 아마도 일부에 의해 왜곡된 '프레임frame'과 '프레이밍framing' 때문이 아닐까. 서울대학교 심리학과 최인철 교수에 따르면 프레임이란 '마음을 비춰보는 창'이다.[14] 그리고 프레이밍은 미국 펜실베이니아대학 와튼스쿨의 스튜어트 다이아몬드Stuart Diamond 교수가 말하길 '상대방에게 정보를 제시하는 방법, 즉 표준을 제시하는 구체적인 방법'을 뜻한다.[15] 프레임과 프레이밍은 '거짓된 진실'을 만들 수도 있고, '진실된 거짓'을 설정할 수도 있기에 소통하는 과정에서 무엇보다 중요하다.

그런 면에서 방송이나 신문, 출판 등 콘텐츠 종사자들은 누구보다 앞서, 누구보다 많이 이 시대의 프레임이나 프레이밍을 설정하는 역할을 담당하고 있다. 콘텐츠는 그들이 설정한 프레임이나 프레이밍에 의해 표현된 후에 대중에게 전해지기 때문이다.

얼마 전 한 인터넷 언론에서 아무런 전후 상황 설명 없이 개그맨 김준현이 억대 연봉을 받게 됐다는 기사가 게재됐다. 그러자 대중 사이에 "연예인은 참 돈을 쉽게 벌어."라는 프레임이 설정되고 말았다. 그러나 그 후 그가 8년간 무명생활을 보냈다는 소식과 이전 연봉이 180만 원에 불과했다는 이야기가 전해지자 '고생 끝에 얻은 성공'이라는 격려의 프레임이 만들어졌다. 프레임과 프레이밍은 이런 것이다. 같은 사실을 어떻게 편집하는가에 따라 대중이 받아들이는 방향은 전혀 딴판이 될 수 있다.

폴란드의 아우슈비츠 수용소는 2차세계대전의 상처가 담긴 장소다. 하지만 영국 BBC의 다큐멘터리 제작팀은 그곳에서 생존자들의 눈물 어린

증언과 함께 오케스트라 공연을 콘텐츠로 제작했다. 그러자 아우슈비츠 수용소는 화해와 휴머니즘의 프레임으로 전환됐다.

드라마 〈추노〉의 시나리오를 집필한 천성일 작가는 "사극은 '어떤 시대를 쓰는지'보다 '어떤 시대에 쓰는지'가 중요하다."라고 말했다. 역사는 해석하는 자의 프레임에 의해 다시 쓰인다는 주장이다. 콘텐츠를 다루는 우리도 시간과 공간을 재해석해내는 역할을 담당하기에 매번 올바른 판단이 요구된다.

영화 〈피에타〉로 베니스 국제영화제에서 황금사자상을 수상한 김기덕 감독이 "영화는 내가 바라보는 세상의 온도를 표현하는 거다."라고 말했듯이, 우리의 시선에 따라 콘텐츠의 시각이 달라진다. 그렇기 때문에 올바른 시선이 중요하다. 우리가 왜곡된 프레임을 갖는다면 거짓으로 대중을 현혹할 우려가 있기 때문이다. 그래서 프레임과 프레이밍의 가치 기준이 요구된다. 이것이 바로 생각의 기준이다. 재미, 부, 지식, 지혜 등 어느 하나도 소중하지 않은 가치가 없겠지만, 무엇보다 중요한 것은 가장 보편적인 '선의지'다. 생각의 기준은 선의지에 바탕을 둬야 한다.

지금 현실에서 재현되는 가치보다
미래 지향적이고 초월적인 가치에
대중은 교감한다.

# 마케팅은 콘텐츠에
# 이미 담겨 있다

마케팅 계획을 마케팅 단계에서 수립하는 것만큼 뒤늦은 일도 없다.
기획과 제작은 이미 마케팅 과정에 포함된다.


〈개그콘서트〉는 회당 7,000만 원 미만의 제작비가 소요된다. 반면에 회당 광고비로 벌어들이는 수입은 본방송과 재방송을 합쳐서 6억 원 정도에 달한다. 이 수치를 1년 단위로 계산해보면 생각보다 높은 금액이라 할 수 있다. 더욱이 출연자들의 광고 소득, 케이블 TV를 통해 재방송을 방영할 수 있는 권리 등을 포함하면 경제적 가치는 훨씬 높아진다.

2011년 11월, 〈나는 가수다〉의 방송 포맷이 미국으로 약 11억 원에 수출됐다. 이건 국내 콘텐츠 비즈니스에서는 극히 드문 경우에 속한다. 실제로 글로벌 방송 포맷 시장 규모는 6조 원에 이른다. 한국의 예능 프로그램이 인터넷을 통해 해외에서 인기가 높다지만, 아직 시장을 개척한 상태는 아니다. 우리는 이제 K팝에 이어 K콘텐츠나 K플랫폼 시장을 적

네 번째 트랙 : 의도를 세우다

극적으로 개척해야 할 필요성을 고민해야 한다.

네덜란드에 엔데몰Endemol이라는 회사가 있다. 방송사도 아니고 프로 덕션이라 부르기도 힘든, 정확히 말하자면 다양한 방송 프로그램의 포맷을 만들어내는 회사다. 엔데몰은 콘텐츠를 방송으로 제작하는 것보다 포맷을 수출하는 일에 주력한다. 대표적인 프로그램이 전 세계에 판권이 팔린 화제의 방송 〈빅 브라더Big Brother〉다. KBS의 〈1대100〉과 TVN의 〈코리아 갓 탤런트〉도 이 회사에서 콘셉트를 수입해 만든 것이다. 이들은 포맷 수출비와 함께 회당 저작권료까지 받는다. 2011년에 KBS 전체가 벌어들인 수입이 1조 5,000억 원인데, 엔데몰은 같은 해에 1조 7,000억 원의 돈을 벌어들였다. 엔데몰은 방송 콘텐츠를 통해 고부가가치 생산이 가능하다는 사실을 증명한 것이다.

편집을 마친 콘텐츠는 마케팅을 통해 대중과 만나게 된다. 마케팅이란 철저한 확장(WIDE)의 과정이다. 누누이 주장하지만, 타깃 대중은 무조건 확대해야 한다. 최초에 세웠던 타깃 대중에 한정될 필요가 전혀 없다. 기존의 SWOT 개념이나, 철저하게 타깃 독자에 집중한다는 STP 전략에서 탈피할 필요가 있다. 기존 마케팅 전략은 틈새시장을 공략할 때나 유효하다. 애플의 아이폰이 성공한 이유도 얼리어답터나 마니아 계층을 넘어 일반 대중으로 타깃을 확장했기 때문이다. 전문가들은 그 히트 요소 중 대표적으로 매력적인 애플리케이션(앱, application)들을 가장 먼저 거론한다. 아이폰에서 유통되는 애플리케이션의 매력이 더욱 많은 수요를 창출한 요인이다. 그런데 앱은 아이폰의 마케팅 단계에도 도입된 요소가 아니다. 개발 단계에서 이미 수립된 전략을 편집 단계에서 구현하고, 마케팅 단계에서 실행한 것뿐이다.

우리는 편집을 통해 마케팅에 적용할 수 있는 요소를 미리 콘텐츠에 담아야 한다. 마케팅은 편집이 끝나고 나서 시작하는 게 아니다. 콘텐츠 자체에 마케팅이 담겨 있어야 한다. 대중의 시선을 잡아끌 광고 카피 한 줄, 이미지, 캐릭터 등은 마케팅 단계에서 시작하는 게 아니라 편집 과정에 이미 담겨 있어야 한다. 콘텐츠만 보고 저절로 마케팅 계획이 수립될 수 있도록 해야 한다는 것이다. 그래야 피터 드러커의 "마케팅의 목표는 판매를 불필요하게 만드는 것이다. 저절로 팔리도록 하는 것이다."라는 주장이 콘텐츠 비즈니스에도 적용될 수 있다.

# 숫자로는 가치를
# 제대로 매길 수 없다

숫자는 성적을 말해주지만 가치를 알려주지는 못한다.
우리에게 중요한 건 성적이 아니라 가치다.

▼

세계적인 컨설팅 회사 왓 이프WHAT IF는 창의적인 생각에 '3I'라는 세 가지 요소가 중요하다고 조언한다. 첫 번째 'I'는 '통찰'의 '인사이트insight'고, 두 번째 'I'는 '창의적인 생각'을 의미하는 '아이디어idea'다. 나에게는 세 번째 'I'가 의미심장하다. 그것은 '영향력'을 뜻하는 '임팩트impact'이다.

1994년 〈가요톱 10〉을 연출하던 시절, 나는 약간의 슬럼프를 겪게 됐다. 이유는 아이러니하게도 〈가요톱 10〉이 너무 순항 중이었기 때문이다. 당시 〈가요톱 10〉은 국내 유일의 순위 프로그램이었는데, 종종 공정성 시비가 일기도 했다. 그래서 수천만 원 이상의 예산을 투입하여 ARS

조사 시스템을 구축했고, 매주 4,500여 명의 앙케트를 순위에 반영했다. 공정성 시비는 이내 수그러들었고, 시스템이 탄탄했으므로 출연 가수들은 치열한 경쟁 아래 발군의 실력을 보였다. 그런데 왠지 마음 한구석에 허전함이 자리 잡았다. 매번 같은 구성이 반복되었기 때문이다. 담당 PD인 내가 부재하더라도 프로그램은 무리없이 진행될 것 같았다. 시스템 안에서 안주하는 나의 모습도 발견했다. 당시 나는 "어차피 가요 순위 프로그램 구성상 무엇을 더 새롭게 할 수 있을까."라는 패배주의적 생각마저 갖고 있었다.

그러던 차에 문득 신문에서 당시 한 해 동안 2,000여 명의 미아가 발생한다는 기사를 읽게 됐다. 그 기사를 읽은 순간 '노래의 간주가 나오는 장면에 미아를 찾는다는 자막을 삽입해보자.' 라는 아이디어를 떠올랐다. 비장한 각오는 아니었다. 다만 〈가요톱 10〉의 익숙한 콘셉트에서 벗어나 새로운 가치를 전달해보고픈 어렴풋한 마음에서 출발한 것이다. 실험적으로 방송 중에 두 대의 전화기를 따로 설치해 연락을 기다렸다. 놀랍게도 엄청난 양의 전화가 걸려오기 시작했다. 첫 방송 다음날, 명화원이라는 아동 보호소에 보호되어 있던 한 아이가 극적으로 부모와 만나게 되는 일이 일어났다. 기적은 아주 작은 일에서도 생겨나는 법이다. 이후 〈가요톱 10〉이 방영되는 동안 매회 하루 100여 통의 전화가 이어졌고, 잠시 동안 내 안에 잠식되어 있던 슬럼프의 기운도 사라지면서 PD로서의 자긍심도 회복할 수 있었다.

네 번째 트랙 : 의도를 세우다

우리는 비즈니스의 가치를 따질 때조차 대중의 반응을 계량화한 숫자에 맹목적으로 집착하는 경우가 많다. 계량화된 잣대로 평가하면 객관적이고 합리적으로 보일 수는 있다. 하지만 우리의 비즈니스는 인간을 대상으로 하는 것이기에 숫자로 정의내릴 수 없는 영향력도 함께 생각해야한다. 페이스북의 최고운영책임자인 셰릴 샌드버그도 그래서 "자신이 할일(미션)과 영향력(임팩트)에 집중하라."고 말한다.[16]

2011년 〈남자의 자격〉의 '청춘합창단'은 전년도의 성과로 인해 부담감이 매우 컸다. 전년도에는 박칼린이라는 대형 스타도 발굴했고, 시청률도 20%를 넘어섰다. 고민 끝에 우리는 전년도 시청률에 연연하지 말고예능 프로그램이 할 수 있는 영향력에만 초점을 맞춰보기로 했다. 그 결과가 노년층 대상의 '청춘합창단'이다. 다행히 시청률도 전년만큼 회복됐고, 전국에 실버합창단 붐이 일었으며, 피 말리는 방송 제작 현장에서좀처럼 찾아보기 어려운 감동을 선물로 받았다. 우리가 만약 시청률에연연하면서 영향력 부분을 간과했다면 얻을 수 없었을 선물이다. 방송후 우리가 시청자에게 받은 한 편의 편지를 소개한다.

'퇴직 후 잉여인간이라고 자책하며 남은 인생을 보내던 중 방송을 보고 그런 생각하지 않고, 남은 인생을 뜻 깊게 만들어야 한다는 각오를 다지게 됐습니다. 아직도 부족한 실력이지만 동네 실버합창단에서 바리톤을 맡으며 새로운 희망을 얻었습니다.'

# 우리는 모두
# 각자의 이름을 건다

더 나은 순간을 원한다면 자신이 최고로 행복해하는 일에
가장 무거운 책임감을 부여해야 한다.

▼

〈1박2일〉의 성공에는 강호동의 기여가 컸다. 그럼에도 그가 안타까운 일로 2011년 9월 프로그램에서 하차하고 말았다. 계속 가슴 한구석이 아팠다. 연말 시상식 시즌이 되자 그런 마음이 더욱 커졌다. 그래서 연말에 〈2011 KBS 연예대상〉을 준비하면서 제작진에게 또 다른 트로피 하나를 마련해달라고 주문했다. 강호동의 이름이 새겨진 대상 트로피다. 그가 하차할 때 아무런 도움을 주지 못했던 우리의 마음을 담아, 마지막 선물을 준비한 것이다.

편집의 마지막 과정은 자신의 이름을 콘텐츠에 새겨 넣는 작업이다. 방송 업계에 일하면서 자긍심을 갖게 되는 이유 중 하나는 아마도 크레

네 번째 트랙 : 의도를 세우다

딧에 자신의 이름을 올릴 수 있다는 것이 아닐까 싶다. 실제로 내 이름이 방송 자막에 처음 새겨졌을 때 나는 세상을 다 가진 기분이 들었다. 이름을 새긴다는 것은 단순한 의미가 아니다. 우리 이름에는 과거에 터득한 성찰, 현재의 열정, 미래의 소망들이 아로새겨져 있다. 그렇기 때문에 우리는 크레딧에 자신의 이름을 올릴 때 경건하고 감사한 마음을 가져야 한다.

태도가 성장의 틀을 형성하는 법이다. 피터 드러커의 책 《프로페셔널의 조건》에 보면 음악가 베르디Giuseppe Fortunino Francesco Verdi의 이야기가 나온다. 여든의 나이가 넘은 베르디에게 한 기자가 "연세도 드셨고 그동안 작품을 많이 하셨는데 왜 그렇게 열심히 하시냐?"라고 물었더니 그가 이렇게 대답한다. "음악가로서 나는 일생 동안 완벽을 추구해왔다. 완벽하게 작곡하려고 애썼지만, 하나의 작품이 완성될 때마다 늘 아쉬움이 남았다. 그 때문에 나에게는 분명 한 번 더 도전해볼 의무가 있다고 생각한다."

"예술이 완성되는 일은 없다. 미완의 상태로 포기될 뿐이다."라는 레오나르도 다빈치Leonardo da Vinci의 말처럼 인생도 예술도 절대 완벽해질 수는 없다. 불가능하다. 그럼에도 우리는 완벽에 다가가는 태도를 지녀야 한다. 완벽해지기 위해서가 아니라 성장을 위해서다. 완벽을 추구하는 삶의 태도에서 더욱 나은 결과물이 나온다. 완벽에 도전해야 미약한 흔적이라도 남길 수 있는 법이다. 우리의 모든 비즈니스가 한 치의 오차도 없이 완벽할 수는 없다. 앞서 말했듯, 대중 역시도 우리에게 완벽함을 기대하지 않는다. 비록 미완일지라도, 완벽을 추구하는 자세로 제작하고 마케팅을 한 콘텐츠와 플랫폼을 대중이 방치하는 경우는 없다.

지독할 정도로 무대에 애정을 쏟는 가수 나훈아의 모습을 보면, 오랜 시간 동안 그가 최고의 인기를 누린 이유를 깨닫게 된다. 가수들은 야간 업소에서 공연하는 경우가 종종 있다. 그런데 보통 가수들은 공연 시간에 맞춰서 이동하고 노래만 부른 후 바로 상경하는 데 비해, 나훈아는 전날 밤에 해당 지역으로 이동한다. 다음날 아침부터 연주자들과 음악을 맞추기 위해서다. 연습 과정에서 그는 이렇게 말한다고 한다.

"제가 이 부분에서는 이런 감정으로 노래 부르고 이 부분에서는 이런 소울로 뽑아내는데 그게 어떤 부분인지 여러분한테 알려드리고 싶다."

마찬가지로 영원한 현역 MC 송해는 매주 방송을 앞두고 대본을 반복해서 쓰고 또 써내려간다. 대본을 작성한 작가의 의도를 파악하기 위해서다. 또한 그는 공연 전에 수많은 참가자들을 직접 만나 인터뷰하기까지 한다. 이런 태도가 그를 오랜 시간 정상에 서 있게 만든 이유다.

한평생 코미디만 연출했던 김웅래 PD가 있다. 그런 그에게 "왜 그리 코미디에 집착하느냐?"고, "코미디에 싫증난 적은 없냐?"고 질문한 적이 있다. 나의 우문愚問을 듣고 그는 이런 현답賢答을 내놓았다.

"내가 코미디를 좋아하니까 책임감이 더욱 커지고, 그럴수록 코미디는 내게 사명이 된다."

좋아하는 일만 하며 살 수 있는 사람도 없겠지만, 좋아하는 일을 한다고 반드시 행복해지는 것도 아니다. 감정은 일시적이고 찰나적이다. 특히 '좋아하고', '싫어하는' 감정은 더욱 그러하다. 사실 우리는 살아가면서 자신이 무엇을 좋아하고, 무엇을 싫어하는지 구분하는 것조차 어려워한다. 하지만 그보다 먼저 생각해야 할 것이 있다. 내가 지금 하고 있는 일을 좋아하고, 그 좋아하는 것에 대해 책임지는 일이 더 중요하다는 점 말이다. 우리는 각자의 이름을 걸고 일을 하는 비즈니스 무대의 전사가 아닌가. 그래서 스티브 잡스도 "진정한 예술가는 작품에 이름을 남긴다."라고 말한 것이다.

2012년 가을, 강호동이 드디어 복귀 했다. 그의 집에는 아직도 2011년 연예대상 트로피가 보관되어 있다고 한다. 트로피는 중요하지 않다. 〈2011 KBS 연예대상〉에서 그의 이름이 호명된 적도 없다. 하지만 나는 믿고 있다. 그가 자신의 이름이 새겨진 모형 트로피만으로도 이후 활동에서 소명을 다할 것을 말이다. 그렇다. 우리는 서로 각자의 비즈니스 영역에서 콘텐츠와 플랫폼을 제작하면서 각자의 이름을 걸고 세상과 마주하고 있다.

**1** 경험화 Experience

**2** 체계화 Organize

**3** 제작화 Produce

**4** 편집화 Edit

**5** 진화화
**Evolve**

의외성을 포착하다

생각을 건져 올리다

현장에 집약하다

의도를 세우다

**다섯 번째 트랙**

# 가치를 확장시키다

모든 브랜드는 진화를 꿈꾼다.
비즈니스에서 진화는 생존과 동의어다.

> 우리는 모두 빛나도록 창조되었다.
>
> - 리처드 브랜슨Richard Branson, 버진그룹 회장 -

〈사랑의 리퀘스트〉가 방영된 이후 'KBS 강태원 복지재단'이 만들어졌다. 제주도의 강태원이라는 사람이 프로그램을 시청하고 감동하여 200억여 원을 기부했고, 이 기금으로 지금도 재단이 운영되고 있다. 정말 감동적인 일이다. 이렇듯 콘텐츠나 플랫폼은 세상에 공개된 이후에야 진정한 가치를 드러낸다. 우리가 지금까지 생각하고, 아이디어를 건져내고, 현장에서 제작을 마치고 편집 과정을 통해 세상에 공개한 콘텐츠나 플랫폼은 대중에 의해 완성된다. 그래서 지금까지의 과정보다 이후의 활동이 더 중요하다. 미국의 마케팅 전문가 질 그리핀Jill Griffin도 "진정한 영업은 '고객 구매' 후 시작된다."라고 말하지 않았던가.

다섯 번째 트랙에서 나는 콘텐츠와 플랫폼이 세상에 공개된 이후를 집중적으로 조명해보려고 한다. 내가 던지는 마지막 주제는 '진화'다. 여기서 진화란, 위의 사례에서 알 수 있듯이 '가치를 확장시키는' 활동이다. 하지만 진화에는 또 다른 의미가 숨어 있는데, 그건 '생존'이란 뜻이다. 진화하지 못하는 콘텐츠와 플랫폼은 생존조차 장담할 수 없다. 잠깐의 게으름이 우리를 도태시킬 수도 있다. 나는 그런 장면을 수없이 보아왔

다섯 번째 트랙 : 가치를 확장시키다

다. 그리고 그 두려운 장면에 대해 연세대학교 경영학과 신동엽 교수는 미국 작가 루이스 캐럴Lewis Carrol의 《거울 나라의 앨리스》에 담긴 글을 인용하여 "게으른 강자를 위한 축배는 없다."고 말한다.[1]

"너는 빠른 속도로 앞으로 뛰었지만, 네가 뛰고 있는 길은 너보다 더 빠른 속도로 뒤로 움직이고 있어. 넌 그 자리에 가만히 서 있으려고만 해도 최소한 길만큼 빨리 뛰어야 하고, 한 걸음이라도 앞으로 나가고 싶으면 길보다 빨리 뛰어야 해."

진화는 반성에서 시작된다. 실존주의 철학의 선구자 키에르케고르 Soren Aabye Kierkegaard가 "인생은 앞을 향해 살아가지만, 해석은 뒤를 향해 이루어진다."라고 말했듯이. 우리는 매번 새로운 아이디어를 갈구하지만, 무엇보다 중요한 건 지난 비즈니스에 대한 평가와 복기다. 하지만 일시적인 실패와 성공으로 우리의 창조적 활동을 평가하기는 힘들다. 분명한 건 우리는 100m 단거리 시합을 하는 게 아니라, 42.195km의 길고 긴 레이스를 하는 마라토너라는 점이다. 그렇기 때문에 진화를 위해서라면 잔인하고 지난한 평가도 필요하다. 긍정적으로 살되 마냥 긍정적으로만 평가할 필요는 없다.

《논어》에는 "생각이 천리 밖에 있지 아니하면 근심이 책상과 자리 밑에 있다."는 말이 나온다. 근심이 아닌 생각을 할 때다. 지금까지보다 더 멀고 넓게 생각을 펼쳐야 한다. 여기에 진화의 답이 숨겨져 있다. 우리는 진심으로 진화의 주체가 되어야 한다.

# 패턴이 성립되는 순간
# 생존조차 불투명하다

우리가 미처 파악하지 못해도, 대중은 반드시 알아채는 게 있다.
그것은 콘텐츠 안에 숨겨진 우리만의 습관이고, 대중은 이를 패턴이라 부른다.

우리는 종종 콘텐츠를 둘러싸고 '패턴pattern 게임'을 벌인다. 대중은 익숙한 장면이 반복되면 이후에 어떤 상황이 벌어질지, 어떤 위기가 닥쳐올지, 결론이 어떻게 될지 미리 예측해낸다. 그래서 우리는 매번 대중의 예측을 벗어나려는 시도를 해야 한다. 콘텐츠의 패턴이 읽히면 호기심과 흥미가 급감하기 때문이다. 1990년대 중반부터 버라이어티 콘셉트가 예능 프로그램의 주도권을 장악해온 데도 이 패턴 게임이 한몫했다. 버라이어티 콘셉트는 다른 어떤 프로그램보다 다양한 패턴을 조합해낼 수 있기 때문이다. 기존 예능 프로그램은 작가와 PD가 설정한 기획에 의해 콘텐츠가 제작되는데, 버라이어티 프로그램은 스태프도 예측하지 못하는 방향으로 내용이 전개될 수 있다. 최근 서바이벌 프로그램이 대중의 인기를 한 몸에 받고 있는 것도 같은 이유에서다.

하지만 〈나는 가수다〉와 〈불후의 명곡〉은 서바이벌 버라이어티 콘셉트면서도 상당 부분 위험을 안고 간다. 패턴이 대중에게 읽힐 가능성이 높기 때문이다. 처음 〈나는 가수다〉를 시청한 대중은 "아니, 기존 가수들이 어떻게 경쟁을 해."라는 의구심에도 계속 이 프로그램을 선택했다. 신선하고 재미있기 때문이다. 콘텐츠가 처음 등장했을 때 전해준 신선함과 파격적 이미지의 강도가 지금까지 나왔던 어떤 프로그램보다도 강했던 것 같다. 문제는 처음부터 지나치게 강했다는 점이다. 우리의 감각이라는 것은 계속 자극을 받으면 무뎌진다. 몇 개월이 지나자 신선했던 장점들이 점점 익숙해지고, 정형화된 패턴이 성립되면서 결국 시청률은 상당히 하락하게 됐다. 이는 매 회별로 완성된 서바이벌 콘셉트가 정착됐기 때문이다. 〈슈퍼스타K〉나 〈K팝스타〉, 〈위대한 탄생〉 같은 프로그램은 적어도 우승자가 10회 이상 방영되어야 나오게 된다. 하지만 〈나는 가수다〉와 〈불후의 명곡〉은 매주 우승자가 나오기 때문에 대중이 패턴을 읽기가 더 쉽다. 이 경우에는 기획 단계에서 패턴이 대중에게 읽힐 가능성까지 안고 가야 한다. 〈나는 가수다〉는 그래서 콘셉트를 재구성하여 시즌 2를 출범시킨 것이고, 〈불후의 명곡〉은 기획 단계에서부터 개그 요소를 첨가했다. 물론 두 프로그램 모두 출연 가수들의 뛰어난 능력이 익숙해진 패턴을 극복할 수 있었다는 사실을 간과하면 안 된다.

가장 그릇된 태도는 애초부터 패턴을 만들고 가려는 것이다. 이건 쉽게 가겠다는 생각에 불과하다. '메이플 스토리' 등으로 유명한 글로벌 온라인 게임 회사 넥슨의 김정주 대표가 "유행하는 게임을 조금만 고쳐서 내놓으면 되지 않을까 하면 절대 안 되는 게 게임 시장이다."라고 말했듯이, 쉽게 가서 짧게 끝내겠다는 생각은 전혀 도움이 안 된다. 그래서 강우석 감독도 영화 〈전설의 주먹〉을 진행하면서 "이미 검증된 걸 쫓아가면서 그의 반의 반만 들어도 남는 장사라고 생각하는 시선은 위험하다. 그럴수록 계속 더 새로운 걸 추구하고 다른 취향을 만들어내는 게 중요하다."라고 주장했다.[2]

조금 강한 어조로 들릴 수 있겠지만, 대중에게 읽혀버린 패턴은 폐기 처분하는 게 옳다. 미국 뉴욕대의 나심 니콜라스 탈레브Nassim Nicholas Taleb 교수는 "1,000일 동안 매일 똑같이 맛있는 먹이를 받아먹고 안심한 칠면조가 1,001일째에 목이 날아가는 게 이 세상"이라고 말하지 않았던가.[3] 지금까지 승승장구해온 우리의 비즈니스도 하루 아침에 목숨이 날아갈 수 있음을 기억하자. 대중에게 패턴이 읽혀버렸다면, 차라리 그 패턴을 변형해서 반전의 계기로 삼아야 할 것이다.

# 위기는 기회가 아니다

작은 위험들은 오히려 콘텐츠의 생존력을 강하게 만들지만,
엄청난 위기는 콘텐츠를 단숨에 붕괴시켜버린다.
엄청난 위기를 작은 위험으로 대신하려면 사전에 만반의 대비를 해야 한다.

야구계에는 "위기는 기회다."라는 속설이 있다. 수비를 할 때 위기가 닥쳐오더라도, 그 순간을 제대로 이겨 낸다면 다음 공격 때 반드시 점수를 올릴 수 있다는 말이다. 하지만 나는 위기는 기회가 아니라고 생각한다. 위기를 기회라고 생각하는 건 선수들의 마음이지 감독의 심정은 아닐 것이다. '야신'이라 불리는 김성근 감독도 이렇게 말하지 않았던가.

"위기가 왔을 때 움직이는 건 리더가 아니다. 위기가 오기 전에 준비해놓는 것이 리더다."

위기를 기회라고 여기는 것은 자기계발서의 해묵은 메시지가 아닐까 싶다. 인생을 살아가는 데 지녀야 할 긍정적인 마인드로는 적합하지만,

비즈니스의 지속적 성장을 꿈꾸는 우리에게 별반 도움이 되지 못하는 생각이다.

2009년 11월까지 〈상상플러스〉라는 프로그램이 방영됐다. 한때 최고의 시청률을 기록했고, 노현정 아나운서와 탁재훈이라는 스타를 만들어냈다. 하지만 위기의 징후가 여러 번 있었음에도 방관하고 말았다. 대신 노현정 아나운서에서 백승주, 최송현, 이지애 아나운서로 출연자만 교체하고 포맷이나 콘셉트는 별달리 손대지 않았다. 시청률이 급감한 뒤 뒤늦게 시즌 2를 편성했지만, 이 역시 이효리가 참여한 것 외에는 큰 변화를 주지 못했고, 결국 프로그램은 종영을 맞을 수밖에 없었다.

이에 반해 〈해피투게더〉는 달랐다. 시즌 1인 '쟁반 노래방'이 전성기를 구가하고 있었음에도 재빠르게 시즌 2를 준비하기 위해, '반갑다 친구야'라는 콘셉트로 파일롯 프로그램(pilot program, 견본 프로그램)을 미리 시청자들에게 선보였다. 반응이 일정 정도 긍정적으로 나오자 〈해피투게더 : 프렌즈〉라는 명칭으로 바꾸고 시즌 2로 전환했다. 대중 사이에 '쟁반 노래방' 콘셉트가 아깝다는 여론이 있었고, 방송국 내에서도 연장 의견이 우세했지만, 우리는 빠르게 움직였다. 대중보다 반 박자 정도 빠르지 않으면 그 콘텐츠가 생명력을 유지할 수 없다고 믿었기 때문이다. 그런 노력을 거치며 〈해피투게더〉는 시즌 3까지 명맥을 이어오고 있다.

UCLA 경영대학원 래리 핑크Larry Fink 교수는 "리스크 관리란 어디까

지나 내가 안고 있는 위험을 제대로 이해하고 있어야 한다는 것."이라고 말했다.[4] 그 누구도 위기를 기다리지는 않는다. 하지만 언젠가 위기가 닥쳐오리라는 사실은 예상할 수 있다. 성과 관리 전문가인 류랑도가 "내일이 오는 것이 싫어서 잠도 안 자며 발버둥쳐도, 내일은 오게 되어 있다."라고 말했듯이 말이다.[5] 지금 안정돼 있다고 다가올 위기를 짐짓 외면하는 것은 바람직하지 못하다. 우리는 위기가 언제 올지, 그 형태와 본질은 무엇일지까지 미리 파악해야 한다. 위기를 준비하지 않으면 커져가는 건 미래에 대한 두려움밖에 없다. 위기가 닥치고 나서 대안을 고민하는 건 부질없는 미련에 불과하다.

다섯 번째 트랙 : 가치를 확장시키다

성과에 취해
우리는 풀 수 있는 매듭마저
스스로 잘라버리곤 한다.

▼
# 백인천 이후에 4할 타자는
# 등장하지 않았다

1982년에 백인천이라는 타자가 4할을 기록한 이후,
프로야구에서는 4할 타자가 한 번도 나온 적이 없다.
3할이면 우수한 타자다. 10번의 타석에서 7번은 아웃될 수 있다.
한 타석에 연연할 필요는 없다.

▼

보정 속옷으로 유명한 기업 스팽스Spanx의 CEO 사라 블레이클리Sara Blakely는 다음과 같이 말했다.[6]

"실패를 두려워하는 순간 당신은 패배한다. '두려움'은 창조적인 생각 진행을 막는 제1요인이다."

세계적인 마케팅 권위자 필립 코틀러Philip Kotler도 〈동아비즈니스포 럼 2012〉에서 이런 메시지를 전했다.

"설사 5개의 혁신 중 4개가 실패하더라도 1개가 성공한다면 나머지 실 패를 극복할 수 있으므로 혁신은 중요하다."

그들의 말대로 우리는 실패라는 결과에 지레 겁먹고 혁신의 발걸음을 내딛기를 주저하고 있는 건 아닐까?

다섯 번째 트랙 : 가치를 확장시키다

예능 프로그램은 첫인상으로 승패를 가늠하기 어렵다. 한 프로그램이 시청자들에게 각인되기 위해서는 최소 3개월에서 6개월까지의 시간이 걸린다. 더욱이 최근 케이블 채널이 신설되면서 경쟁도 치열해져 프로그램이 성공하기가 좀처럼 어려워졌다. 솔직히 고백하자면 실패할 가능성이 더 크다. 그래서 나는 종종 첫 작품으로 데뷔하는 후배들에게 성공과 실패를 계산하기보다 일단 본인이 하고 싶은 대로 해보라고 말한다. 실패도 경험해봐야 된다. 배우 박근형의 "도전했다 실패해도 그 역할에 실패한 것뿐, 또 다른 역할로 성공할 수 있다."라는 말처럼 실패를 해보면 왜 실패했는지 알고, 이를 통해 다시 한 번 도약할 수 있는 기회를 잡을 수 있다.

한동안 MBC 〈우리들의 일밤〉이 힘을 발휘하지 못했다. 여러 원인이 있겠지만 기존의 인큐베이팅Incubating 시스템을 작동하지 않고, 지나치게 단기성과에만 집착했기 때문이 아닌가 싶다. MBC 예능이 전성기를 구가할 수 있었던 이유는 시청률의 높고 낮음과 관계없이 프로그램이 자리를 잡을 수 있을 때까지 기다려줬기 때문이다. 〈무한도전〉의 초반 시청률은 4%에 불과했는데, 방송사에서 믿고 기다려줬기에 지금의 성공을 거둘 수 있었고, 〈세바퀴〉 역시 일요일 저녁에서 토요일 심야로 시간대를 옮기면서까지 성장을 독려했다. 하지만 최근의 MBC는 프로그램이 대중에게 각인되기도 전에 폐지하는 경우가 빈번하다. 물론 시청률이 낮으면 광고 수익이 줄고, 채널의 이미지도 하락하기 때문에 그런 결정을 내릴 수밖에 없었을 것이다. 하지만 우리의 비즈니스는 실패와 성공의 간극이 그리 크지 않다. 어떤 경우는 종이 한 장 차이에 불과하기도 하다. 그 결과가 '쪽박' 아니면 '대박'으로 벌어지는 것이다.

2012년 여름을 강타한 TVN의 드라마 〈응답하라 1997〉는 쪽박일 거라는 예상을 깨고 대박을 거둔 콘텐츠다. 드라마를 처음 해보는 예능 프로그램 PD(신원호 PD로, 〈남자의 자격〉을 연출했다)와 작가가 만났고, 출연 배우들도 은지원을 제외하고는 대부분 무명에 가까웠다. 시대도 현재가 아닌 1990년대였다. 보통 이런 콘텐츠는 주로 마니아를 대상으로 방영되는데, 16부라는 방영 기회를 보장받았기에 제작진과 출연진은 자신들의 능력을 과감하게 발휘할 수 있었다. 4회 정도까지는 여느 케이블 드라마와 시청률에서 큰 차이가 발생하지 않았지만, 그 후 대중과의 공감대가 확대되면서 대성공을 거두게 된다.

개그맨 김병만이 "〈달인〉을 하면서 깨닫게 된 것이 있다. '실패할 수도 있다'는 사실이다. '반드시 성공해야 한다'는 압박감은 나를 무대 울렁증에 도망가는 사람으로 만들었지만 '실패할 수도 있다'는 생각을 하게 된 뒤로는 여유가 생겼다."라는 고백을 한 적이 있다. '이번이 마지막이다.'라는 벼랑 끝 승부전략이 통하는 분야도 있다. 하지만 콘텐츠 플랫폼 영역은 결과에 대해 여유롭게 평가를 내릴 수 있는 의연한 자세에서 시작해야 더욱 새로워질 수 있다. 실패의 기억을 가슴 깊이 새길 수만 있다면.

다섯 번째 트랙 : 가치를 확장시키다

# 실패는 반드시 분석되어야 한다

모든 실패에는 원인이 있다.
그 원인을 찾아낸다면 성공의 기회도 얻을 수 있다.

영화판에 나도는 속설 중 "대박 난 영화에는 이유 없고, 쪽박 찬 영화에는 이유가 있다."라는 말이 있다. 맞는 말이다. 우리는 실패한 사례에서 더 많은 배움을 얻을 수 있다. 다만 복기하는 과정을 거쳐야 한다. 스칸디나비아항공SAS의 얀 칼슨Jan Carlzon 회장은 그래서 "성공과 실패의 차이는 2밀리미터다."라고 말했다.[7] 그 2밀리리터의 간극을 파악하는 순간, 우리는 성공의 밑거름을 만들 수 있다.

〈1박2일〉을 준비했던 모습을 보며 나영석 PD에게서 감동을 받은 적이 많다. 준비를 엄청나게 철저히 하기 때문이다. 동네 건달들이 행패를 부리는 상황까지 미리 시뮬레이션한다. 또 방영 이후에도 시청자들의 의견을 매우 냉혹하게 받아들이며 다음 녹화를 준비하곤 했다. 그런데 그 정도로 철저할 수밖에 없게 된 데에는 그만 한 사연이 있다.

KBS에 입사한 지 열흘도 안 된 상황에서 나영석 PD는 청룡영화상 시상식에 생방송 스태프로 참여하게 된다. 당시 그의 역할은 MC를 맡은 남자배우와 여자배우를 보좌하면서 그의 멘트를 챙기고, 스탠바이를 시키는 일이었다. 그런데 생방송 막바지에 여성 MC가 사라지는 일이 발생했다. 혼비백산하여 여성 MC를 찾으며 난리법석을 벌였지만 결국 방송사고로 이어지는 상황까지 이르고 말았다. 얼굴이 하얗게 질린 그는 당황하여 어쩔 줄 몰랐다. 다행히 남자배우가 혼자 더듬거리면서 그럭저럭 상황을 무마했지만, 그 경험은 그에게 너무도 뼈저린 것이었다.

자책감은 참 무섭다. 나영석 PD가 회사를 그만두겠다며 잠적했다. 다행인 건 KBS 예능국의 '가족 문화'는 이럴 때 저력을 발휘한다는 점이다. 이명한 PD가 찾아가 그의 힘이 돼줬고, 손을 잡아줬다. 나 역시 그에게 '모든 걸 용서한다. 서울로 올라와라.'라는 문자를 보냈다. 다시 돌아온 그는 눈빛부터 달라졌다. 자책감을 극복하면 더 무서워진다. 나영석 PD는 이후 모든 촬영을 철저하게 준비하는 프로페셔널 PD가 됐다. 그래서 우리 중 누군가는 〈1박2일〉이 마치 생방송 같다고도 표현했다.


2011년에 방영을 시작한 〈도전자〉라는 서바이벌 프로그램의 담당은 전진학 PD다. 그는 일요 예능에서 최고 시청률을 기록했던 〈출발 드림팀〉 등을 기획하고 진행한 경험이 있다. 아마도 〈도전자〉는 그에게 첫 번째 실패작일지도 모른다. 하지만 그는 개의치 않았다. 그리고 다시 한 번 더 서바이벌 프로그램을 기획했다. 그 프로그램이 2012년 9월부터 방영을 시작한 〈내 생애 마지막 오디션〉이다. 보통 자신이 실패했던 장르에서 벗어나려는 게 우리의 심리다. 하지만 전진학 PD는 〈도전자〉에서 실수한 부분에서 다시 시작해보겠다며 각오를 다졌다. 프로그램 콘셉트는 마치 자신의 심정을 담은 것 같았다.

"기획사 혹은 개인 사정으로 쉬고 있는 가수들에게 재기의 기회를 주고 싶다. 기존 오디션 프로그램이 일반인의 꿈을 성취하고 충족시키는 데 치중했다면, 〈내 생애 마지막 오디션〉은 실패를 맛보고 상처 입은 사람을 치유하는 프로그램이다."

발레리나 강수진은 "나는 나를 혹평하는 편이다."라고 말한다. 설마 자기비하의 차원이겠는가. 자신의 공연을 냉혹하게 평가해야만 더 나은 무대를 대중에게 선보일 수 있다는 각오의 표현일 것이다. 우리에게도 그런 각오가 필요하다. 실패는 우리에게 그런 각오의 계기가 될 수 있다. 그래서 일본 동경대의 하타무라 요타로 교수는 "실패는 도전과 발전을 위해 그 원인을 분석하고 거기서 창조적인 아이디어를 도출해낼 때 비로소 가치가 있다."라고 말한 것이다.[8]

# 미세한 변화가
# 거대한 혁신을 압도한다

우리가 혁신이라는 슬로건을 내걸고 하는 활동은 사실 여러 실험 중 일부에 불과하다.
혁신인지 실험인지는 사후 평가에 맡겨야 하기 때문이다.
그럼에도 실험은 그 자체로 큰 의미를 지닌다.

KBS 예능의 가장 큰 특징 중 하나는 장수 콘텐츠가 많다는 것이다. 〈전국노래자랑〉이나 〈가요무대〉, 〈열린음악회〉는 거론할 필요도 없다. 〈개그콘서트〉는 1999년, 〈해피투게더〉는 2001년에 탄생했고, 〈1박2일〉도 2007년에 시작돼 정글 같은 일요 예능의 시청률 전투에서 분투 중이다. 주위에서는 개편 때마다 새로운 프로그램을 고민해야 하는 고된 수고를 하지 않아서 좋겠다며 부러워한다. 하지만 고백건대, 장수 콘텐츠의 유지가 새로운 프로그램을 기획하는 일보다 어렵다. 일본 요식업계의 전설 우노 다카시는 "가게는 '일단 손님을 어떻게 끌고 올까'가 중요한 게 아니라 '가게가 어떻게 계속 돌아가게 만들까', 즉 한 번 온 손님을 어떻게 하면 계속해서 다시 오게 만들까가 중요하다."라고 말하는데, 이와 마찬

다섯 번째 트랙 : 가치를 확장시키다

가지로 장수 콘텐츠도 단골 시청자들의 시선을 계속 묶을 수 있는 요소를 끊임없이 개발해야 한다.[9]

하지만 문제가 있다. 장수 콘텐츠는 순식간에 급격한 변화를 시도할 경우 대중의 반감을 살 수도 있기 때문이다. 그렇다고 아예 변화를 주지 않으면 구태의연함에 갇혀버렸다는 지적을 받게 된다. 그야말로 난감한 상황이다. 결론은 하나다. 대중이 눈치채지 못하도록 미세한 변화들을 끊임없이 시도해야 한다. 낯설음과 구태의연함 사이에서 계속되는 실험이 콘텐츠를 장수시킨다.

〈승승장구〉는 스타 한 명을 중심으로 진행되는 전통적인 토크쇼다. 그런데 2012년 5월에는 김정운 교수의 공개 특강 편을 방영했다. 공개 강연과 예능의 결합을 시도한 건데, 반응이 예상보다 좋았다. 특히 중장년층의 반응이 좋아 〈김승우의 승승장구〉의 이미지 상승에 도움이 됐다. 또한 〈해피투게더〉는 2012년 7월 스타의 요리 레시피를 공개하는 '야간매점' 코너를 새로 시도했다. 담당인 주기쁨 작가가 인터넷에서 유행하는 '야매요리(대충 해먹는 요리)'를 모티브로 새로 아이디어를 냈는데, 확신이 서지 않아서 실험 삼아 몇 회 동안 방영했다. 다행히도 대중의 반응이 뜨거워져 기존의 코너를 대신하여 고정으로 편성됐다.

혁신의 산실로 불리는 3M의 전 회장 조지 버클리G. Buckley는 혁신에 대해 다음과 같은 정의를 내린 적이 있다.

"우리는 지금까지 한 번도 대발명Next Big Thing을 내놓은 적이 없다. 혁신이란 언제나 수천 수백 가지의 소발명Next Small Things을 만들어내는 데 달려 있다."

마찬가지로 다이슨 기업의 CEO 제임스 다이슨도 "큰 혁신은 작은 개선들이 모여 이뤄진다."라고 말했다.[10]

우리는 항상 크고 거대한 측면에서만 혁신을 바라본다. 그래서 간혹 '혁신 피로증'에 시달린다. 거대하고 강렬한 시도에만 주력하다 보니 스트레스를 받는 것이다. 하지만 실제로 혁신의 정체를 자세히 들여다보면 미시적이고, 미세한 실험들의 연속임을 깨닫게 된다. 혁신을 원한다면 우선 실험가가 되어야 한다. 그리고 실험가들은 아주 작은 영역에서부터 변화를 추구한다는 사실을 인지해야 한다.

# 저승사자를
# 초대해야 한다

강해지고 싶다면 승패나 순위 싸움에 연연하지 말자.
약자에게 여러 번 승리하는 것보다, 강자에게 제대로 패하는 게
우리의 성장을 위해선 더 유리하다.

일찍이 워렌 버핏Warren Buffett은 "나의 능력 범위를 벗어난 곳에 그럴
듯한 먹잇감이 있다고 해서 무리하게 접근하지는 않는다. 그저 내 능력
의 범위 안에 먹잇감이 나타나기를 기다릴 뿐이다."라고 말했다. 우리는
가끔 약자 앞에서 자신의 강함을 인정받으려고 한다. 하지만 이런 태도
는 우리의 성장을 돕지 못한다. 강자 앞에서 실력을 인정받지 못하면 우
리는 정체되고, 그 결과는 도태일 뿐이다.

최고의 개그맨 유재석은 오랜 무명 시절을 겪었다. 성실하고, 탁월한
인성을 지녔으며 무대 뒤에서는 이미 걸출한 개그맨이었는데도 말이다.
하지만 그는 무대에만 서면 특유의 '울렁증'으로 제 실력을 발휘하지 못

했다. 지금도 그가 〈연예가중계〉에서 범했던 실수가 회자될 정도다. 그런 그에게 최대한 많은 기회를 주고 싶었다. 코미디 프로그램에서 주연을 맡을 기회도 여러 번 주었고, 쟁쟁한 선배들과 함께 코너를 이끌도록 했다. 하지만 그는 무명 개그맨의 생활을 지속했다. 그런 유재석에게 인생의 터닝포인트가 됐던 프로그램은 〈서세원쇼〉의 '토크박스'였다. 당시 최고의 '입담꾼'들이 벌이는 토크 경쟁에 처음 등장했을 때만 해도 그는 단지 '구색 맞추기용'이었다. 하지만 강자들의 무대에 서니 드디어 유재석이 제대로 된 실력을 발휘하며 연말 '토크왕'에 선발되기도 했다. 강자들의 무대에 서자 오랜 무명생활에서 터득한 내공이 드디어 발휘된 것이다.

강호동은 SBS 〈X맨〉이 한창 전성기일 때 KBS에 와서 〈1박2일〉을 시작했다. 더욱이 그는 MBC 〈천생연분〉 프로그램이 장안의 화제일 때도 물러나서 화제가 되기도 했는데, 우리가 판단하기에 그는 현실에 안주하기보다 새로운 도전을 즐기는 진정한 승부사 기질을 타고난 것 같다.

유재석과 강호동은 서로를 최고의 개그맨으로 치켜세운다. 하지만 그들이 정말 대단한 점은 서로 경쟁 상대가 되기를 거부하지 않는다는 점이다. 일요일 저녁 시간대에 그들은 줄곧 경쟁 프로그램에서 활약했다. 그러면서도 연말 시상식에서 상을 받게 되면 서로의 이름을 거론하면서 감사의 표시를 한다. 경쟁은 이런 것이다. 우선 서로 치열하게 맞붙더라도, 끝까지 예의를 다해야 한다. 우리는 승부에서 경쟁할 뿐이지 인간 대

다섯 번째 트랙 : 가치를 확장시키다

인간으로 싸움을 벌이는 게 아니다.

그리고 경쟁은 강자와 붙는 것이다. 약자와의 대결에서 승리했다고 기뻐하는 건 졸장부나 하는 것이다. 진정한 실력은 강자와 대결하면서 성장한다. 물론 강자와의 대결은 자신을 힘들게 한다. 하지만 총각네 야채가게로 인생 역전의 신화를 쓴 이영석 대표는 "아무것도 포기하지 않은 채 이루는 성공은 불가능하다."라고 말했다.[11] 포기할 부분까지 감안하지 않으면 우리는 성장할 수 없다. 게임 회사 넥슨은 국내가 아닌 일본에서 증시 상장을 했다. 게임 산업이 가장 발달한 일본에서 제대로 격돌해야 넥슨이 지속 가능한 기업이 될 수 있다는 믿음 때문이다.

"기업 환경이란 변동성이 심해 틀에 갇혀 있으면 쉽게 해법을 찾을 수 없다. 그러므로 리더는 카오스에 익숙해야 한다."

고어텍스의 테리 켈리Terry Kelley CEO가 한 말이다.[12] 우리는 어차피 수많은 혼란 속에서 묵묵히 비즈니스에 임해야 한다. 그러기 위해서는 어떻게든 자신의 실력을 향상시켜야 한다. 실력 향상을 위해서는 우리의 생사를 죄여올 수 있는 '저승사자'가 필요하다. 지금까지 우리가 축적한 모든 것을 한방에 날려버릴 수 있는 절대강자, 저승사자 말이다. 그들에게 사형선고를 받는 순간 모든 게 끝장나버릴 것 같겠지만, 생에 대한 열망은 오히려 강해지기 마련이다. 그게 바로 성장이다.

▼

# 복제 불가능함을 추구한다

누군가가 나를 대신할 수 있다는 사실에 두려워 말자.
내 영혼까지 복제할 순 없을 테니.

▼

이건 정말 진심이다. KBS 안에는 나를 대체할 수 있는 인재가 무수히 많다. 내가 사라지더라도 KBS 예능국은 잘 돌아간다. 모두들 자기 자리를 보존하기 위해서 대체 불가능한 존재가 되어야 한다고 조언하지만, 나는 그런 생각에 반대한다. 오케이아웃도어닷컴이란 회사의 인재상을 살펴보자.

"가장 뛰어난 인재란, '그 사람이 없을 때도 일이 제대로 돌아가게 만반의 준비를 갖춰놓은 직원'을 의미한다."[13]

나는 입사 때부터 인재라는 생각을 가지지 못했기에 애초부터 대체 불가능한 존재가 되기를 포기했던 것 같다. 그래서 처음부터 내가 부재하

다섯 번째 트랙 : 가치를 확장시키다

더라도 KBS 예능국이 잘 돌아갈 수 있도록 하는 시스템을 구축하는 데 관심이 많았다. 우수한 동료들 덕택으로 일정 정도 기반도 갖춘 듯싶다. 그러면 혹자는 우리를 향해 이렇게 비판하기도 한다. 지나치게 시스템 위주로 흐르면 개인의 창의성이 저하되는 건 아니냐고. 절대 아니다. 우리가 지향하는 시스템은 처음부터 개인의 창의성을 극대화시키는 데 목적을 두었기 때문이다.

나는 모두가 대체 불가능한 존재가 되기보다 복제 불가능한 존재가 되길 희망한다. 비즈니스 영역은 끊임없이 대체가 가능하다. 필름 카메라에서 디지털 카메라로, 싸이월드에서 페이스북으로 대중의 선택은 바뀔 수 있다. 장수 가능한 콘텐츠는 있다 해도, 영원한 건 없다. 대중의 선택이 바뀌는 것을 두려워하면 안 된다. 또다시 대중의 선택을 받을 수 있는 영역을 만들기 위해서는 두려움보다 변화를 통한 도약이 필요하다. 그러기 위해서는 콘텐츠마다의 복제 불가능한 '아우라'가 필요하다. 아우라란 독일의 철학가 발터 벤야민Walter Benjamin이 제시했듯, 흉내 낼 수 없는 고유한 분위기를 의미한다. 우리가 대중에게 선보여야 할 콘텐츠와 플랫폼도 복제 불가능한 아우라를 지녀야 한다. 그리고 우리네 인생도 마찬가지로 복제 불가능함을 추구해야 한다.

〈1박2일〉에서 나영석 PD가 거둔 일정 정도의 성공이 이를 명쾌하게 설명해준다. 이 프로그램은 원래 이명한 PD가 연출하여 큰 인기를 얻고 있었기에 나영석 PD의 부담감은 매우 컸을 것이다. 이런 경우에는 대부분 선배의 연출 흐름을 '따라 하기'에 급급하다. 하지만 그런 태도는 반드시 실패로 귀결된다. 선배가 대체 불가능한 영역을 만들어서가 아니고, 후배가 모방을 해서도 아니다. 모방은 문제가 아니다. "모방을 통해서 무언가를 배우고자 한다면 진정한 본질을 먼저 이해해야 할 것이다."라는 《이기는 습관》의 지적처럼, 본질을 찾는다면 모방도 괜찮다.[14] 그러나 상대의 본질을 이해하지 못한다면 자신만의 가능성을 추구할 수 없다. 그래서 후발 주자의 선택은 오히려 과감하게 지난 아우라를 버리고 새로운 자기만의 아우라를 생성하는 게 맞다. 나영석 PD의 성공도 자신만의 아우라를 구축했기에 가능했다. 아우라는 대체할 수는 있겠지만, 복제가 불가능한 영혼이기 때문이다.

2012년 상반기까지 〈남자의 자격〉을 연출하던 조성숙 PD가 힘들어하는 모습이 보였다. 그녀는 근성도 강하고 현장 장악력도 뛰어난 후배다. 우리에게는 화장한 얼굴보다 밤샘으로 인해 피곤기 가득한 얼굴을 더 많이 보여줄 정도로 고생을 많이 했다. 그래서 우리는 항상 그녀에게 미안해했다. 그래서 그녀를 불러 얘기했다.

"조금 쉬어. 쉬는 동안 대박 (프로그램) 기획 좀 해오고."

찔러도 피 한 방울 안 날 것 같은 독종 PD인 그녀가 약간이지만 눈물을 보였다. 그거면 충분하다. 책을 읽다 보면 독한 선배 밑에서 우수한 인재가 양성된다고 하는데, 사실 난 그렇지 못하다. 앞으로도 마찬가지

일 것이다. 솔직히 나는 후배들이 더 많이 웃고 행복했으면 좋겠다. YG 양현석 대표가 "나의 오너관은, 일이 잘될 때는 맨 뒤에 있고 위기가 닥치면 맨 앞에 나서야 한다는 것이다."라고 말했는데, 절대적으로 동의한다. 내가 나설 시기는 그들이 힘들어할 때라고 생각하기 때문이다.

우리의 일은 매우 힘들다. 생각을 지휘해야 하기 때문이다. 그런 환경 때문에라도 권위와 직위로 인해 피곤한 관계가 우리 사이에 형성되지 않기를 바란다. 군대에서도 훈련이 약한 부대가 오히려 얼차려는 심하다고 하지 않던가. 나는 동료와 후배들의 업무가 고된 것만으로도 미안하다. 그래서 그들에게 나는 절대 독한 리더가 될 수 없다.

복제 불가능한 아우라는 열정에서 잉태된다. 그리고 그 열정은 누군가에 의해 만들어지는 게 아니다. 리더가 만들어줄 수 있다고 하는데, 현실은 그렇지 않다. 열정은 스스로 만드는 것이다. 자신의 창의적 활동을 통해 스스로 체험하고, 각인하고, 깨우쳐서 얻어낸 결과가 본인의 열정이다. 그리고 그 열정에서 자기만의 아우라가 창조된다. 나는 그런 후배들의 아우라를 위해서라도 창조적 활동의 괴로움은 용인하지만, 권위적인 조직 관계에서 발생하는 피로는 반대한다. SM의 이수만 회장이 화가 고흐Vincent van Gogh를 비유하며, 리더는 구성원들의 "귀를 자르지 않아야 한다."고 조언했다는데, 나 역시 동료들이 콘텐츠를 제작하는 과정에서 스스로의 재능을 찾아내길 항상 바라왔다.[15] 그것이 복제 불가능한 우리만의 콘텐츠 플랫폼을 만드는 최초이자 최후의 방법이다.

나는 국장이라는 지위에 있는 동안 커다란 성과를 내는 일에 욕심을 보이고 싶지 않았다. 퇴임한 이후까지 바라봤다. 단기적 성과에 지나치게 매몰되면 안 된다. 봄에 심은 씨앗이 봄에 추수될 리 없지 않겠는가. 내가 국장으로서 얻은 모든 성과는 이전부터 준비하고 실행한 성과다. 나는 또다시 봄이 되어 다음 국장에게 성과라는 열매를 딸 수 있도록 해주고 싶었다. 진짜 멋쟁이는 뒤태가 더 아름다운 법이라는 이치를 믿고 있기에 그럴 수 있었다.

# 한 우물로는 위험하다

물이 차고 넘치면 흐르기 마련이다.
우리 생각의 흐름도 마찬가지다.
차고 넘쳐야 흐른다.

《철완 아톰》을 탄생시킨 일본 만화의 거장 데즈카 오사무는 일찍이 후배들에게 다음과 같은 말을 했다.

"만화에서 만화를 배우지 마라. 일류의 영화를 보아라, 일류의 음악을 들어라, 일류의 연극을 보아라, 일류의 책을 읽어라. 그리고 그것으로부터 자신의 세계를 만들어라."

만화가에게 만화라는 한 우물만 파지 말라고 조언한 것이다. "뭐든지 만 번만 하면 능숙해진다."는 '1만 번의 법칙'을 주장한 MC 이상벽과 실제로 성공에 도달한 사람들은 한 분야에서 1만 시간 이상을 연습했다고 말하는 말콤 글래드웰Malcolm Gladwell의 이야기와는 사뭇 다른 것처럼 보인다. 그렇지만 제대로 들여다보면 사실상 같은 주장이다. 자신의 영역에서 익숙해질 때까지는 최대한 깊이 노력하는 게 맞다. 하지만 일정량의 숙련도가 쌓이면 다른 영역에 도전하는 것이 바람직하다. 물이 차고 넘치는데 한 우물에만 매달릴 수는 없지 않겠는가. 더욱이 한 영역을 완성하면 다른 분야에는 이전보다 빠른 시간 안에 익숙해질 수 있다.

2010년, 〈사랑의 리퀘스트〉가 탄생한 지 13년이 지난 시점에서 자체 평가의 시간을 가져봤다. 한 프로그램이 장수를 한 데 큰 의의를 둘 수도 있지만, 지나치게 한 영역에만 매몰된 건 아닐까 하는 반성을 먼저 하게 되었다. 마침 그때 한국컴패션이라는 어린이 후원 단체를 통해 놀라운 이야기를 들었다. 컴패션의 후원국 중 우리나라가 유일하게 수혜국에서 후원국으로 전환됐다는 이야기였다. 그래서 〈사랑의 리퀘스트〉가 팠던 우물의 영역을 넓혀보기로 했는데, 그 콘텐츠가 〈희망로드대장정〉이다. 연예인들과 함께 아프리카 등지의 나라로 가서 도서관이나 병원을 짓고, 우물도 파서 그들에게 희망을 전하는 콘셉트다. 함께 참여한 이병헌, 이범수, 전광열, 안성기, 보아 등의 연예인은 이 지역의 아이들을 위해 콘서트까지 진행했다. 그게 시작이 되어 지금도 우리는 매년 아프리카 등지로 우리의 도움이 필요한 곳을 찾아나선다.

나는 평소에 의외성과 예측 불가능성을 자주 언급하는 편이다. 그렇다 보니 "그럼 어떻게 그런 의외적인 생각과 예측 불가능한 편집을 할 수 있느냐?"는 질문을 종종 받는다. 그에 대한 나의 해법은 깊게 한 우물을 판 뒤 다른 우물의 세계에 진입하는 것이다. 광고인 박웅현의 "창의력은 스필오버(spillover, 차고 넘치는 것)가 돼야 나오는 것이지 스퀴즈아웃(squeeze out, 쥐어 짜는 것)한다고 나오는 게 아니다. 넣어야 한다."라는 말처럼 우리의 입력 창고에 수많은 지식과 지혜를 충분히 담아내야 한다.[16] 최근 인문학이 유행하는 이유도 마찬가지다. 지금의 학습으로 불가능한 고전의 지식과 지혜를 입력해야만 새로운 생각을 할 수 있다는 필요에서 유행하는 것이다. 그리고 이 지식과 지혜를 새로운 생각으로 전환하는 방법이 바로 융합과 통섭이다. 융합과 통섭은 차고 넘치는 지식과 지혜를 '지지고 볶는' 작업이라 할 수 있겠다. 지금 새로운 우물이 우리를 기다리고 있다는 사실을 부디 잊지 말자.

# 진공 상태로
# 보존되기란 어렵다

우리를 지켜주는 그 모든 것이 사라지더라도 끝까지 살아남아야 한다.
견디고, 버티며, 최대한 오래 살아남는 게 세상과 자신에 대한 예의다.

▼

우리에게 시작만 어려운 것은 아니다. 솔직히 고백하자면, 성공한 이후가 더 힘들다. 비즈니스가 성공 궤도에 오르면 질투 어린 시선들이 따라온다. 때로는 오해 속에 쉽게 구설수에 오르는 일도 종종 생긴다. 〈나는 가수다〉는 초반에 엄청난 관심과 칭찬을 얻어냈으면서도 김건모의 재도전 사건으로 많은 상처를 입게 된다. 지금은 대중이 충분히 이해를 해주어 다행이지만, 당시는 일부의 부정적인 프레임 설정으로 결국 김영희 PD가 하차하는 등 홍역을 앓았다. 방송 영역에서만 벌어지는 일이 아니다. 게임전문 콘텐츠 회사인 엔씨소프트 김택진 대표도 "우리의 길을 가야 하는데 비판부터 하는 사람들이 많다."며 유사한 아픔을 표현한 적이 있다.[17]

안타깝지만 먼지 하나 없는 진공 상태에서 비즈니스를 펼치기란 불가능한 일이다. 그래서 우리는 간혹 비즈니스의 무대에서 상처를 입고 좌절하기도 한다. 이런 일이 반복될 때마다 동업자로서 가슴이 매우 저려온다. 그럼에도 우리는 흔들리지 말았으면 좋겠다는 바람을 전한다. 김정운 교수가 "대나무는 아무리 태풍이 불어도 부러지지 않는다. 마디가 있는 까닭이다. 마디가 없는 삶은 쉽게 부러진다."라고 말했듯이, 이 모든 아픔의 마디와 굴곡들을 받아들이고 더 강해졌으면 한다. 강한 영혼이 우리 스스로를 지켜주고 있음을 기억하며 누구 하나 다치지 않기를 바란다.

팝칼럼니스트 김태훈도 초기 방송 활동 시절 자신에 대한 지나친 악성 댓글에 상처를 입었고, 그래서 배철수를 찾아갔다고 한다. 그때 배철수가 던진 짧고 굵은 답변.

"오래 해라. 그러면 다 해결된다."[18]

하지만 버틴다는 건 도전하는 일보다 더 큰 고난이다. 비즈니스는 우리네 인생과 같다. 기승전결의 구조로 언제나 해피엔딩을 기대해보지만 실상은 그렇지 않다. 호평과 혹평은 찰나의 시간차로 반복된다. 그럼에도 우리는 버텨야 한다. 버틴다는 건 현재의 모습을 고수하는 게 아니다. 부족한 면모를 보완하고 새로워지는 일이다. 우리는 대중의 예민한 반응을 항상 감사하게 여겨야 한다. 그러면서도 한편으로는 작은 여론에 일희일비하지 말아야 할 것이다. 강해져야 한다.

오래 버틴다는 건 새로운 일에 도전하는 것보다 더욱 어려운 고난의 행보다. 그래도 나는 견뎌내야 한다고 믿는다. 2011년 9월, 강호동이 안타까운 일로 방송 은퇴를 선언했을 때도 우리는 그가 버텨주길 바랐다. 20년 가까이 우리에게 웃음과 감동을 선사했던 그에게 대중이 원한 건 물러남이 아니라 강인하게 버티고 견뎌서 더 나은 모습을 보여주는 것이었다. 인터넷상에서 '강호동 은퇴 반대 서명' 운동이 있었던 것도 그런 이유 때문이 아닐까. 우리도, 우리의 콘텐츠도 더욱 강인해져야 한다. 오래가야 이긴다. 오래간다고 해서 고난의 길이 끝난다는 보장은 없지만, 그런 생존력이 비즈니스를 하는 데 가장 큰 힘이 될 수 있음을 인지했으면 좋겠다.

진화는 반성에서 시작되고,
혁신은 위기에서 출발한다.

▼

# 모든 전략은
# 이미 공개돼 있다

타이밍이다. 사랑도, 사업도, 우리들의 인생마저도.
승부의 추는 적절한 타이밍에 의해 기울어진다.

▼

지금은 빅데이터 시대다. 정보가 권력인 시대는 이미 지났다. 오히려 정보는 넘쳐난다. 다만 우리가 그 정보를 제대로 해석할 수 있느냐에 따라 승부의 추가 좌우되는 시대다. 프로야구를 보라. 이미 경기에 출전할 선수들을 사전에 예고하고 있다. 자신들의 모든 정보를 공개하고 경기에 임하는 것이다. 적어도 정보가 부족해서 전략을 세우지 못하는 경우는 이제 없다.

처음 〈무한도전〉과 〈1박2일〉 등 매회 고정된 구성원들과 함께하는 버라이어티 프로그램이 등장했을 때, 이런 콘셉트가 언제까지 유지될 수 있을지 우려 섞인 목소리가 많았다. 6~7명의 한정된 구성원으로 어떻게 매번 새로운 콘텐츠를 만들 수 있겠느냐는 지적이었다. 하지만 이들 버라이어티 프로그램들은 그런 우려를 불식시키고, 매번 새로운 콘셉트로 순항하고 있다. 주어진 상황 안에서 매번 새로운 전략을 구성하고 있기에 가능한 일이다.

《여기에 당신의 욕망이 보인다》를 읽다 보면 재밌는 빅데이터 분석이 나온다. 화장품 광고 모델에 대한 분석인데, 우선 배우 공효진의 예를 든다. 대중의 반응을 분석해보니 공효진은 스타일리시하지만 얼굴에 도드라진 이미지가 별로 없다는 것이 밝혀졌다. 즉 배역에 따라 자유로운 이미지를 덧입힐 수 있다는 것이다. 그래서 화장품 회사 비오뗌이 그녀를 모델로 기용해서 대중에게 긍정적인 반응을 얻어냈다. 비오뗌은 기초 화장품 위주의 제품을 주로 론칭하는 회사였기에 궁합이 잘 맞은 것이다. 반면 소녀시대는 예쁘고, 아름답고, 기분 좋은 모델로 대중에게 각인돼 있다. 그래서 한 화장품 회사가 이들을 모델로 기용했지만 큰 성공을 거두지 못했다. 이유는 이 화장품 회사의 주 소비층이 30~40대였기 때문이다. 소녀시대는 구성원 모두가 20대였기에 적합하지 않았던 것이다.[19]

이를 통해 알 수 있듯이, 정보 쟁탈전의 시대는 지나갔다. 이제 우리는 정보를 적절하게 선택하여 상황과 환경에 맞도록 전략을 편성해야 한다. 그래서 중요한 건 타이밍이다. 제대로 된 타이밍 전략은 고급 정보보다 값어치가 높다.


마케팅 전문가 알 리스의 주장을 살펴보자.

"마케팅 전투는 사람들의 마음속에서 벌어진다. 전체 전투장의 크기는 기껏해야 6인치 너비(뇌의 크기)다."[20]

대중이 인지하는 비즈니스의 영역은 무한대가 아니라 한정된 공간이라는 의미다. 빅데이터 시대와 결합해보면, 이제 우리는 한정된 전투장에서 과잉된 정보를 보유한 채, 적절한 타이밍의 전략을 구상해야 한다. 그것이 우리가 콘텐츠 비즈니스에서 생존하는 방법이다.

그럼에도 우리는 종종 잔기술을 사용하려는 유혹에 빠진다. 하지만 잔기술은 대중을 속이는 것으로, 문제를 오히려 복잡하게 만들 뿐이다. 그건 전략이라고 할 수조차 없다. "많은 기업들이 거창한 슬로건이나 희망사항을 적어놓고 '전략'이라고 부른다. 이는 기업을 몰락시키는 '나쁜 전략'이다."라고 한 전략 전문가 리처드 러멜트Richard Rumelt 교수의 주장도 같은 의미로 해석할 수 있다. 기본이 없다면 기술도 없다. 기술은 기본이 정립돼야 구사할 수 있는 것이다.[21]

큰 문제에 직면할수록 정석을 선택하는 것이 차라리 이롭다. 싸이는 자신의 성공이 초심으로 돌아갔기 때문이라고 스스로 분석한다. 그는 '강남 스타일' 앨범을 준비하면서 단 하나만 생각했다고 한다. "재미가 없다면 아무것도 남지 않는다는 게 처음의 의도였다."라고. 그러고는 '강남스타일'은 "초심으로 돌아간 곡이다. 챔피언 이후에 내가 너무 건강하게 갔다. 그래서 초심으로, '새' 때로 돌아가서 '양(양아치)'스러운 감성과 '양'스러운 춤…"을 만들고 싶었다고 고백했다. 그는 최초에 '새'라는 노래로 우리에게 재미를 선물한 뮤지션이다. 이렇듯 초심은 정석이 될 수도 있다. 초심으로 돌아간다는 것은 회귀한다는 뜻이 아니다. 그동안 갈고닦은 내공을 처음 가졌던 순수함과 결합시킨다는 의미다. 그렇기 때문에 초심으로 돌아가면 콘텐츠가 대중에게 더 크게 파급될 수 있다. 정석은 잔기술보다 훨씬 강하다.

# K팝 월드투어

시간이 기획하고 공간이 연출한 도전의 연대기

# 인생은 진화한다,
# 단 꿈이 있는 자에게만

익숙해지지 않는다. 설렘이 좀처럼 사그라지지 않은 채 심장에 자리 잡고 말았다. 귓가에는 아직도 객석의 함성이 들려오고 눈을 감아도 무대 위 조명 사이로 가수들의 역동적인 퍼포먼스가 펼쳐진다. 나도 모르게 입가에서는 추억의 팝송이 흘러나온다.

"Try to remember and if you remember Then follow, follow."
(팝송 'Try To Remember' 중에서)

찜통 같은 무더위가 어느새 찾아온 2012년 6월의 어느 날 이야기다. 나는 KBS 신관 건물 6층 예능국장실 책상에 앉아 있다. 이미 오전 중에 두 차례의 프로그램 회의가 진행됐다. 문 밖으로는 다닥다닥 모인 책상 숲 사이로 PD들이 숨 가쁘게 뛰어다니는 광경이 전개된다. PD들에게 책상은 단지 책꽂이에 불과하다. 앉아 있을 시간이 좀처럼 생기지 않기 때문이다. 그래서 의자도 무용지물이다. 내 삶도 마찬가지다. 오늘 아침에 올라온 어제 시청률표의 숫자가 폐부를 찔러오고, 다음 달 준비되어 있는 프로그램 개선안과 〈남자의 자격〉의 '패밀리 합창단' 콘텐츠도 정리해놓아야 한다. 이렇게 망중한을 즐길 틈이 없다. 그럼에도 난 책상 위에 놓인 문서들을 이렇게 방치만 하고 있다. '아, 이러면 안 되는데.' 심장에서 유혹의 목소리가 들려온다. 잠시만 나에게 휴식을 주자고. 단 5분만이라도. 꿈을 잃고 사는 게 꿈을 안고 사는 것보다 더 어려운 일인데, 나는 이제 꿈을 놓아줄 상황에 있지 않은가. 절대로 익숙해지지 않겠지만, 지금 이 순간만은 이 설렘의 잔재를 잠시 놔두고 싶다.

드르르르.

잠시의 여유도 나에겐 사치인가 보다. 핸드폰이 진동음을 낸다. 다시 격렬한 일상으로 돌아가라는 신호음이다. 3일 전, 나는 홍콩에 있었다. 월드 엑스포 아레나에서 〈뮤직뱅크 인 홍콩〉이라는 이름의 K팝 페스티벌을 진행했기 때문이다. 이 공연장은 마돈나나 레이디 가가 정도의 대형 스타가 아니면 오를 수 없는 꿈의 무대다. 그리고 〈뮤직뱅크〉는 KBS 월드 채널을 통해 73개국으로 생방송된다. 3일 전, 나의 꿈은 〈뮤직뱅크 인 홍콩〉이란 브랜드로 전 세계 73개국에 생방송됐다.


꿈은 달아나지 않는다, 우리가 멈추지 않는 한

전화의 주인공은 SM의 김영민 대표다. 그는 이수만 회장과 함께 보아,

동방신기, 소녀시대, 슈퍼주니어, 샤이니, 에프엑스 등을 키워낸 업계 최고의 실력자다. SM은 현재 시가총액이 1조 원에 달하는 대형 기업이다. 2012년 상반기 공연 티켓 판매금만 1,000억 원이고, 드라마 및 영상을 제작하는 SM C&C의 비중도 높아지고 있다. 또한 BT&I를 인수하며 여행업계로까지 사업을 확장했고, 외식업체 SM F&B와 SM 크라제, 노래방 SM 어뮤즈먼트와 패션을 담당하는 조인트 벤처 아렐(이랜드와 공동 설립했다)까지 보유하고 있다. 이수만 회장은 SM이 만든 콘텐츠를 공유하는 전 세계 팬들을 묶어 가상국가(버추얼네이션, Virtual Nation)를 건설하겠다는 담대한 선포도 해두었다. 이런 대담한 행보는 SM만 하는 게 아니다. 양현석이라는 걸출한 프로듀서가 이끄는 YG는 2011년 625억 원을 벌어들였고, 온라인을 통해 매순간 자신들의 콘텐츠를 방영하고 있으며, 최근 제일모직과 손잡고 의류 브랜드를 탄생시켰다. '딴따라'라 칭하던 음악을 산업으로 진화시킨 또 한 명의 주인공, 박진영도 JYP를 코스닥에 상장시켰으며 리복과 공동 마케팅을 펼치고 드라마 〈드림하이〉와 영화 〈5백만 불의 사나이〉를 제작했다. 이들이 정말로 K팝 비즈니스의 전사일 것이다.


"우리 가수들이 '아리랑'을 부르고는 가슴이 잔뜩 뭉클해졌나 봐요."
김영민 대표의 전화가 다시 한 번 그날의 기억을 상기시켜준다. 이번 〈뮤직뱅크 인 홍콩〉에서 우리는 중국가요를 중간 중간 삽입하고 마지막 무대는 '아리랑'으로 마무리하기로 기획했다. 그래서 씨앤블루의 정용화가 'Try To Remember'를 열창하고, 에프엑스의 빅토리아가 '첨밀밀'을 불러 홍콩 팬들에게서 열화와 같은 환호를 받았다. 문제는 공연의 마지막을 장식할 '아리랑'이었다. 사실 나는 젊은 아이돌 가수들이 어떻게 생각할까, 홍콩을 비롯한 아시아 팬들이 우리를 국수주의자로 폄하하지는 않을까 염려했다. 하지만 반응은 놀라웠다. 아시아인들이 '아리랑'을 따라 부르며 춤을 추는 모습을 상상해보라. 온몸 구석구석에 감동의 적혈구가 흐르고 쾌감의 세포들이 스며드는 기분이라고나 할까. 아이돌 가수들의 반응도 뜨거웠다. 자신들이 애국자가 된 것 같다며 눈시울을 붉혔다. 아시아 팬들 사이에서 '신'적인 존재로 통하는 동방신기도 감동의 시간을 함께한 기념으로 공연 후 사진까지 함께 찍었다. 기특하고 대견하다. 청춘이던 시절에 꾸었던 나의 꿈이 바로 이런 장면이다. 다행히도 꿈은 달아나지 않고 나를 기다리고 서 있었다.

꿈은 흐른다, 어깨 너머로

김영민 사장과의 통화가 끝난 후에도 나는 한참을 책상 앞에 멍하니 앉아 있었다. 점심시간이 이미 지났지만 허기는 느껴지지도 않는다. 정말로 낯선 기분이다.

다행이다. 나의 망중한을 깨주기 위해 한 명의 뜨거운 청춘이 등장했다. 김충 PD가 전하는 서류를 전달하고자 문석민 PD가 국장실로 찾아온 것이다. 그는 2011년 10월 9일에 미국 뉴저지 주의 오버백 파크 공연장에서 5만 명의 관객을 모아놓고 진행된 〈뉴욕코리아 페스티벌〉 제작에 참여했다. 미국에서 처음으로 진행된 K팝 공연으로, 2년간의 기획 과정과 1년간의 준비 기간이 필요했다. 당시의 긴박감과 5만 관객이 선물한 그날의 감격이 다시 떠오른다. K팝은 이제 세계인들을 대상으로 한 콘텐츠로 성장했다. 나는 K팝을 전 세계의 모든 크리에이터들이 주목하는 비즈니스의 좌표라고 감히 부르고 싶다. 하지만 그 과정은 매우 험난했다. 순간순간은 피 말릴 정도로 역동적으로 흐르지만 전체적으로 보면 지난한 시간이다. 그 과정에서 무수히 많은 사람들이 이루 말할 수 없는 고생의 땀을 흘렸다. K팝은 많은 사람들이 오랜 시간 동안 기획해내고 세계라는 공간이 연출한 꿈의 실체다.

문석민 PD는 KBS 창원총국에서 근무하다가 꿈을 품고 서울 본사로 왔다. 그뿐이 아니다. 〈뮤직뱅크 인 파리〉 공연이 2012년 2월 8일, 1만 명이 모인 가운데 프랑스 최대 공연장인 베르시 스타디움에서 진행됐는데 그가 갑자기 파리로 찾아왔다. 방송국에 휴가를 내고 자신의 사비를 들여 촬영 현장까지 따라온 것이다.

"하나라도 더 배우고 싶습니다. 어깨 너머로 배울 수 있도록 기회를 주셨으면 합니다."

큰 행사를 준비하는데 인력이 충분할 리 없다. 그는 온갖 허드렛일을 도맡으며 우리와 함께했다.

"그때 어떻게 파리까지 따라올 용기가 생겼냐?"

나는 간혹 뜨거운 청춘의 시간에 탐을 낸다. 아직 꿈을 향해 미친 듯이 질주해나갈 시간적 여유가 풍부한 그들의 삶이 부럽다고나 할까. 부러움은 호기심을 잉태한다. 그의 용기가 부러웠고, 그 이유가 궁금했다. 용기가 솟아난 그만의 사연이 알고 싶었다. 삶을 살다 보면 수많은 사건들이 다가오게 되어 있다. 어떤 사건은 우리를 환희에 차게 만들 수도 있고, 또 다른 사건은 우리를 좌절로 몰아가기도 한다. 그리고 우리의 삶을 송두리째 변화시켜버릴 수 있는 사건도 있다. 그에겐 과연 어떠한 사건이 있었을까.

"〈뉴욕코리아 페스티벌〉을 다시 TV로 보는데 미쳐버릴 것 같더라고요. 제가 그 현장에 있었다는 사실만으로도 심장이 폭발할 것만 같았어요. 그때의 기분을 한 번만이라도 다시 느껴보고 싶었어요."

그의 대답을 들으니 TV 브라운관으로 뜨거워진 청춘의 심장이 문득 그려진다. 고마웠다. 우리가 꾸었던 꿈의 행보를 통해 한 청춘의 심장이 뜨거워졌다는 사실에 감사했다. 나이가 들수록 얻어지는 건 세상과 사람에 대한 고마움인가 보다. 하지만 그에 비해 나의 열정은 그만큼 식어가는 건 아닐까, 두려워진다. 나도 이 청춘처럼 꿈을 향해 또 다시 심장이 뜨거워질 수 있을까? 이제 우리가 꾸었던 꿈은 우리의 어깨 너머로 배워가는 청춘들의 몫은 아닐까. 그렇다면 이제 그들에게 이 꿈의 무대를 물려줄 때가 된 건 아닌지 고민스럽다.

히든 트랙 : K팝 월드투어

그래서 꿈은 진화한다, 인생을 넘어서

꿈이 두려운 건 이루지 못할 것 같아서가 아니다. 꿈은 언제나 우리를 기다리고 있다. 우리가 도망치지만 않는다면 말이다. 두려운 건 꿈을 이루고 난 뒤다. 꿈은 오랜 시간 내 인생의 나침반이었다. 그동안 내 삶의 행보를 안내해주던 그 나침반이 사라졌으니 어찌 두려움이 생기지 않겠는가. 꿈을 꾸는 시간보다 우리들의 인생이 더 길다. 우리의 인생은 꿈을 이룬 뒤에도 한참을 더 이어지기 때문이다.


'K팝 칠레 공연 현장 보고서'

문석민 PD가 전해준 서류는 애타게 기다리던 한 통의 메일이었다. 도쿄, 뉴욕, 파리, 하노이, 홍콩에 이어 다음 K팝 공연 장소를 두바이와 터키, 남미 등지의 여러 사람들에게 수소문했는데, 가장 먼저 칠레의 박선태 참사관에게서 연락이 왔다. 적극적으로 칠레에서 진행해보고 싶다며, 썩 괜찮은 현지 기획사를 소개하고 나섰다. 가장 믿을 만한 제안이다. 이미 칠레는 그 어떤 나라보다 K팝 열풍이 최고조에 오른 상황이라 관객들의 호응도 클 것이라 판단된다. 하지만 칠레 산티아고까지는 비행 시간만 32시간이 걸린다. 비용도 최소 10억 원은 필요할 것이다. 그 외에도 앞으로 우리가 헤쳐 나가야 할 커다란 고난의 벽들이 만만치 않게 서 있다. 그런데 이 순간에 나의 입가에서는 예상치 못한 작은 미소가 새어나오는 게 아닌가.

'고생길이 또 훤하네. 이번에는 어떻게 한번 해볼까.'

아, 또다시 심장이 끓어오른다. 입술은 바싹 타고, 새벽녘에 공연 준비 때문에 무의식적으로 잠을 깨야 하는 상황이 다가오자 내 주먹이 불끈 쥐어진다. 2011년 한국문화경제학회의 분석에 의하면 세계 문화산업 시장은 1조 2500억 달러 규모다. 이 중 한국 시장은 270억 달러로 2%를 조금 넘는 수준에 불과하다. 그래서 아직도 K팝은 갈 길이 멀다. 가야 할 길이 멀다는 것은 아직 기회가 남아 있다는 축복이기도 하다. 다시 심장을 꿈으로 꿈틀거리게 만들 수 있으니 말이다.

'물려줄 때 물려주더라도, 마지막 그 순간까지 후회 없이 모든 걸 다 해보자.'

인생은 역전의 연속이다. 당일만 해도 도저히 실현될 수 없어 보이던 공연이 성공적으로 끝나기도 하고, 현실에선 막연해 보이기만 하던 꿈이 어느 순간 눈앞에 펼쳐지기도 한다. 그리고 꿈이 인생을 역전하는 경우도 있다. 인생보다 꿈의 시간이 연장되는 경우도 있다는 소리다. 인생은 주어진 것이지만 꿈은 스스로 진화하는 생명체이기 때문이다. 그런 생각이 들자, 3일 동안 나를 잠식했던 두려움이 순식간에 사라져버리고 길을 잃었던 열정이 다시 찾아온다.

# 이번 기회는 없더라도
# 다음 기회가 있다

"예상했던 일이잖아요. KBS가 국민들의 수신료로 운영되는데 어떻게 그 돈을 마련해요?"

나를 위로하듯 후배 PD들이 말한다. 하지만 목소리의 기저에는 내심 서운함이 담겨 있다. 다들 정말 미국에서 K팝 공연을 연출하고 싶었던 것이다.

2010년 6월부터 나는 KBS 예능국장을 맡게 됐다. 국장이 되자마자 내가 준비한 프로젝트가 K팝 월드투어다. 그리고 그중 내가 가장 원하고 원했던 장소는 미국의 뉴욕이었다. 그래서 아이디어가 수립되자마자 예능국의 PD들을 불러 일정을 추진했다.

시작은 꿈꾸는 자의 숙명이다

"예? 교민이 아니라 미국인들을 대상으로 하자고요?"

맞다. 내가 기획한 K팝 공연은 철저하게 세계인 대상이다. 물론 교민들을 초청하지 않겠다는 소리는 아니다. 한국의 콘텐츠로 철저하게 세계와 자웅을 겨루고 싶었다. 이를 통해 교민들에게 한국이라는 나라의 자존감도 심어줄 수 있으리라.

"아니 미국 사람들이 왜 우리 노래를 들으러 오겠어요? 미국은 팝의 본고장이잖아요."

나는 믿었다. K팝이라면 팝의 본고장인 미국에서도 승부가 가능하다고. 이미 JYP의 박진영이 프로듀서로 진출해서 소기의 성과를 거두었다. 그리고 JYP의 원더걸스와 YG의 세븐, SM의 보아가 몇 년 동안 현지에서 적응 과정을 마쳤다. 더욱이 영화 〈닌자 어쌔신〉의 비와 〈지.아이.조〉의 이병헌, 드라마 〈로스트〉의 김윤진은 배우로서 괄목할 성과까지 만들어냈다. 이제 각개전투하고 있는 K팝 콘텐츠를 한데 모아 정면대결을 펼쳐도 되지 않을까?

"그러다가 관객이 모이지 않으면 국제적인 망신만 당한다고요. 그냥 지금 분위기대로 아시아에 집중하는 게 어떠세요?"

이미 아시아 지역에서는 K팝이 확실히 자리를 잡았다. SM이 진행하는 〈SM타운 라이브 월드투어 콘서트〉와 YG의 〈YG패밀리콘서트〉는 아시아에서 확실한 콘텐츠 플랫폼으로 자리 잡았다. 아시아 지역을 대상으로 콘서트를 한다면 일단 흥행에는 문제가 없다. 미국은 반응조차 예상할 수 없는 공연 지역이다. 하지만.

"시작을 꿈꾸지 않는다면 우리는 멈춰버릴 수밖에 없을 거야."

멈춰버린 시간은 추락의 터널이 된다. 추락은 서서히 이뤄지는 것이 아니라 순식간에 일어난다. 그래서 우리는 한순간도 멈춰 서면 안 된다. 우리는 아주 짧은 순간도 멈추지 않기 위해 시작을 꿈꿔야 한다. 물론 모든 시작은 안전한 길이 아니다. 닥쳐올 수많은 고난을 무릅쓰고 가야 할 길이다.

### 첫인상을 만들 기회는 한 번밖에 오지 않는다

그래서 2010년 7~8월에 후배 PD들이 미국 답사를 다녀왔다. 답사 후, 우리의 기대는 잔뜩 커졌다. 국내에서 체감한 것보다 K팝의 반응이 세계적으로 훨씬 뜨거웠기 때문이다. 마침 10월에 KBS 교향악단이 UN 뉴욕 총회를 기념해서 공연을 하기로 결정돼 있었다. 그래서 우리는 기세를 모아 같은 해 11월에 〈뉴욕코리아 페스티벌〉을 추진하기로 마음 먹었다.

문제는 비용이었다. 예산이 최소 20억 원은 될 것 같았다. 그것도 KBS 스태프가 아닌 미국 현지 스태프을 기용했을 때다. KBS 스태프를 모두 데리고 가면 비용은 더 증가한다. 유료 공연을 하면 일정 정도 비용을 메울 수 있겠지만, 그럴 수는 없었다. 첫인상이 제일 중요한 법이다. "첫인상을 만들 기회는 한 번밖에 오지 않는다."고 마케팅 전문가 알 리스가 말하지 않았던가. K팝의 첫인상을 최대한 순수하게 만들고 싶었다. 더욱이 KBS는 공영방송국이 아닌가. 최대한 협찬을 받는 방법을 마련해보기로 하고 각종 제안서를 만들던 찰나에 안타까운 연락이 왔다.

"아쉽지만 올해는 KBS 교향악단 공연만 하자."

결국은 비용 문제로 2010년 K팝 뉴욕 공연은 무산됐다. 함께했던 동료 PD들의 실망이 이만저만이 아니었다. 몇 달 동안 정말 최선을 다해 이리저리 뛰어다녔기에 우리의 좌절은 매우 컸다. 그래서 결과보다 후배들이 가슴속에 실망감을 품을까 걱정됐다.

"이번 기회가 없더라도 다음 기회가 있다."

고생했던 동료들을 위해서라도 나는 포기하고 싶지 않았다. 그리고 동료들도 나와 같은 마음이기를 바랐다. 이번에 고생한 것보다 더 많은 고생을 한다면 또 다른 기회가 우리를 찾아와줄 거라고 믿었고 배웠다. 오래전부터 나는.

꿈과 현실이 어긋날 경우에도 장점은 존재한다

청춘의 시간대는 '지금 이 순간'에 매우 집착한다. 지금 이 순간이 마치 전부인 것처럼 치열한 질주를 벌인다. 지금 이 순간도 중요하지만, 내일의 그 순간도 우리를 기다리고 있다. 물론 지금 이 순간 최선을 다한 사람의 인생에만 그 다음의 순간이 다가오겠지만.

1985년 4월, 나는 KBS 예능국에 입사하여 오랜 시간 조연출을 담당하며 선배들의 어깨 너머로 업무를 배워갔다. 좌우 시선을 가두고 앞만 보고 돌진하는 경주마처럼, 내일이 없는 것마냥 오늘만 보고 살았다.

"이제 너도 입봉(데뷔) 준비해야지."

문득 던진 한 선배의 농담 같은 이 한마디에 무너지고 말았다. 시간이 지나고 한 프로그램을 담당할 정도의 경력이 쌓인 순간, 정체 모를 두려움이 생겨났다. 나에게 프로그램을 책임질 능력이 있는지 의심스러웠다. 평생 조연출로 일했으면 좋겠다는 미련한 생각도 들었다. 성장의 과정에서 당연하게 주어지는 '책임감'에 부담을 느꼈던 것 같다. 번잡한 고민 끝에 내가 선택한 길은 미국 유학이었다. 수중에 모아놓은 돈도 없었고, 회사의 지원을 받은 것은 더욱 아니다. 현실에서 도망치려는 마음 때문도 아니었다. 단지 나를 극단의 환경에 몰아넣은 뒤, 억지로라도 성장시키고픈 간절한 마음 때문에 선택한 길이었다.

1989년 8월에 떠난 미국 유학의 첫 행선지는 뉴욕이었다. 뉴욕텍New York Institute of Technology 대학원에서 학업을 진행하는 와중에, 아르바이트 삼아 TBC(대한방송) 방송국에 근무하게 됐다. 당시 TBC는 케이블 채널을 하루 2시간만 대여하여 우리 교민들을 대상으로 프로그램을 방영했다. 주로 밤 10시부터 프로그램을 방영하는데, 나는 이 프로그램을 위해 온갖 허드렛일부터 시작해서 작가, PD의 업무까지 맡았다. 가장 기억에 남는 업무는 인터뷰인데, 당시 뉴욕 시장이었던 루디 줄리아니Rudolph William Louis Giuliani III를 만나기도 했다. TBC가 나에게 준 가장 큰 선물은 MTV에서 방영되는 뮤직비디오를 마음껏 볼 수 있게 해줬다는 사실이다. 아직 한국에서는 뮤직비디오가 활성화되지 않은 시절이라 모든 것이 신기하게 느껴졌다. 그러던 중 친해진 후배 피터 노가 NBC에서 방영되는 토크쇼 〈데이비드 레터맨쇼Late Show with David Letterman〉의 촬영 현장에 나를 초대했다. 그가 이 프로그램의 기술직원으로 근무했기 때문에 가능한 일이었다.

녹화가 시작되기 전, 모든 스태프들이 분주하게 움직이다 일순간 정적을 만든다. 그러면 모두가 같은 시선으로 담당 연출자를 바라본다. 들리는 건 심장 박동 소리밖에 없는 것 같다. 노련한 담당 연출자가 스튜디오 전체를 눈으로 쭉 훑은 뒤 신호를 주면 천장의 조명이 하나씩 켜진다.

탁… 탁… 탁…

그러면 방청객들의 박수 소리가 단 한 번의 신호음과 함께 퍼져나가고, 무대의 주인공 데이비드 레터맨이 등장한다. 방청객들의 함성 소리가 커져가는 동시에 스태프들은 다시 분주한 움직임을 보인다. 분주하지만 집중된 흐름이다. 이것이 엔터테인먼트 산업의 심장부에서 들려오는 열정의 박동소리 아닌가. 그 현장에서 나는 경외감을 느꼈지만 이내 좌절하고 말았다.

'도대체 나는 지금 뭘 하고 있는 거지?'

미국 유학 과정에서 그때까지 내가 공부한 건 영어가 대부분이었다. 언어 실력이 부족하니 연출이라는 전문 영역을 이해하기 어려웠기 때문

히든 트랙 : K팝 월드투어

이다.

"왜 그렇게 인생에 조급해? 이번 기회가 없으면 다음 기회도 있는 거 아냐?"

피터 노는 한국인이지만 교포였기에 미국인들 특유의 여유로운 마인드를 지니고 있었다. 그가 따뜻한 미소로 지금보다 내일의 나를 바라보라며 끊임없는 격려를 아끼지 않았다.


"한국 가수들과 함께 뮤직비디오를 만들고 싶다."

소망은 연기처럼 피어오른다. 뉴욕에 만족할 수가 없었다. LA는 세계 엔터테인먼트의 진정한 중심지다. 고민 끝에 나는 6개월간의 뉴욕 생활을 접고 LA로 달려갔다. 캘리포니아 주립대학원California State University Northridge을 다니며 나는 틈틈이 미국의 엔터테인먼트 사업의 한복판에서 일했다. 조명업체에서 근무하기도 했고, 한 프로덕션에서 시트콤의 연출 어시스턴트로 활동할 수 있는 기회도 주어졌다. 우리나라에서는 1993년이 돼야 〈오박사네 사람들〉로 시트콤이란 플랫폼이 형성됐으니, 나로서는 매우 값진 경험이 아닐 수 없었다.


청춘의 시간은 우리를 매번 조급함으로 밀어 넣는다. 그럴 수밖에 없다. 그 시간에 우리가 겪는 일은 대부분 첫 경험이다. 당황스럽고 혼란스럽다. 그래서 막연하고 막막한 시기다. 어쩔 수 없이 내일보다는 오늘에 급급한 하루를 살 수밖에 없는 게 청춘의 일상이다. 하지만 좌절하기에는 이르다. 지금 이 순간 우리의 모든 운명이 결판나는 건 절대 아니다. 지금 이 순간, 우리가 뜨겁다면 언제든 다음 기회가 늦게라도 찾아오게 되어 있다. 뉴욕에서의 6개월, 그리고 LA에서의 18개월은 나에게 주어질 다음 기회를 향한 준비 기간이었다.

# 멈추지 않기 위해
# 시작을 꿈꾼다

단지 어린 시절부터 음악을 좋아해서였다. 나는 성장하며 배워야 할 대부분을 책이나 사람이 아닌 음악에서 터득했다. 그래서 내 인생 곳곳에는 당시의 음악들이 추억의 OST로 남아 있다. 듣는 것도 좋았지만, 부르는 순간이 더 행복해서 대학시절에도 학과 공부보다는 합창반 활동에 더 탐닉했던 것 같다. 내가 예능 PD를 직업으로 선택한 이유도 아주 단순하게 음악과 함께하고 싶다는 소박한 마음이 전부였다. 거대한 사명 같은 건 애초부터 내게 없었다.

### 집중하지 않으면 기회는 스쳐 지나간다

2010년 우리는 다시 미국으로 향했다. 10월 22일에 있을 KBS 교향악단의 〈유엔의 날 콘서트〉 때문이다. 유엔총회장에서 진행된 이 공연은 상당히 의미 있는 행사로 많은 박수갈채를 받았다. 하지만 나는 이 공연에만 만족할 수 없었다. 한없이 기쁘면서도 아쉬움이 드는 건 어쩔 수 없잖은가. 공연 반응이 좋을수록 K팝 뉴욕 공연에 대한 아쉬움은 더욱 짙어졌다.

"요즘 한국 가수들이 미국에서 인기가 참 많은데, 그들의 무대를 우리가 직접 볼 수 있는 기회가 없을까요?"

연주회가 끝난 후 진행된 리셉션에서 들려온 반가운 소리다. 왜 그런 마음이 없겠는가. 너무 하고 싶어서 몸이 달아 있는 상태인데.

"긍정적으로 검토해보겠습니다."

나를 포함하여 리셉션에 참여한 모든 KBS 직원들이 동일한 답변을 할 수밖에 없었다. 하지만 그 말 한마디면 충분했다. 아주 작은 단초가 커다란 물살을 일으키는 법이다. 뒤이은 한 교민의 말 한마디는 나를 더욱 크게 동요시켰다.

"내년이 남북한 UN 동시가입 20주년인데…"

아! 남북한이 1991년에 UN에 동시 가입했으니 2011년이면 20주년이 되는 게 맞다. 'ㅇㅇ주년'이란 것은 국가적으로 큰 의미가 부여된다. 더욱이 해방 이후 그토록 원하던 남북한 UN 동시가입 20주년이 아닌가. 이를 기념해 K팝 공연을 한다면 얼마나 상징적인 의미가 되겠는가. K팝 공연을 왜 미국 뉴욕에서 해야 하는지 모든 사람들을 설득시킬 수 있다

히든 트랙 : K팝 월드투어

는 확신이 생겼다. 아울러 국내의 어떤 기업에서라도 협찬을 받을 수 있다는 자신감마저 들었다. 머릿속에 협찬 제안서 문구가 예능 프로그램의 자막처럼 하단에 스쳐 지나갔다.

기회란 장맛비처럼 내리지 않고 이슬비처럼 간헐적으로 내린다. 그리고 우리는 그 이슬비조차 잡아채지 못할 때가 많다. 그건 막연해서다. 막연하게 어딘가의 언저리에만 있으면 기회가 주어질 것이라고 믿는 착각 때문이다. 꿈을 구체화하고 내 모든 의지를 거기에 집중해야 한다. 원하는 것에 집중해야 작은 기회라도 낚아챌 수가 있다. 야구선수들은 가끔 공이 크게 보일 때가 있다고 하지 않는가. 드라마 작가들은 써지지 않던 다음 편 이야기가 꿈에서 나올 때가 있다고 한다. 기회의 재료들은 이렇게 집중의 결과로 얻어지는 법이다. K팝 뉴욕 공연을 원하던 우리에게, '남북한 UN 동시가입 20주년'은 기회의 단비로 다가왔다.

시작하는 사람은 언제나 세상 앞에서 두렵다

"너 내일 중계차 타고 연출 한번 해볼래?"

1991년, 미국 유학을 마친 나는 진필홍 선배 밑에서 조연출 생활을 재개했다. 그는 우리나라 쇼 프로그램의 대부다. 훌륭한 선배 밑에서 배운다는 건 삶의 가장 커다란 축복이다. 촬영 날 새벽까지 그는 음악을 틀어놓고 미리 상황에 맞춰 공연 준비를 한다. 어깨 너머로 봐도 참으로 열정적인 모습이 아닐 수 없다. 물론 그렇다고 해서 그가 연출에 대해 하나하나 자세하게 가르쳐주는 건 아니다. 후배의 시간은 어깨 너머로 학습하는 지난한 과정이다. 그런 진필홍 선배가 고개를 돌려 나를 빤히 쳐다보며 연출을 제안했다. 부산 사직 체육관에서 진행되는 특집 프로그램인데, 촬영까지 하루도 남지 않은 시점이었다. 더욱이 생방송인데.

"제가 어떻게…."

도망치고 싶은 순간이었다. 조연출로 일할 때도, 미국 유학길에서도 언젠가 멋진 음악 무대를 연출하고 싶다는 꿈을 가졌지만, 이렇게 갑자기 맡게 되리라고는 전혀 예상을 못 했다. 기회는 주어질 때 확 움켜잡아야 하는데, 나는 주저하고 말았다. 그런 나를 향해 선배가 뜻 모를 따듯한 미소를 보냈다. 평소에 이렇게 쉽게 농담을 하는 사람이 아닌데. 그래도 나는 가슴을 쓸어 내렸다.


공연 당일, 카메라 리허설을 마치고 나니 생방송 촬영이 한 시간도 남지 않았다. 그런데 진필홍 선배가 분주한 움직임으로 내게 다가와 말했다.

"내가 나중에 들어갈 테니 일단 중계차 연출은 네가 먼저 시작하고 있어라."

시간이 얼마 남지 않은 상태라 거절조차 못 할 분위기였다. 그래서 억지로 떠밀리다시피 중계차에 탑승했다. 중계차에는 카메라가 8대 놓여 있었다. 평소에 선배들의 어깨 너머로 훈련을 했지만, 내 시야에는 3~4대밖에 들어오지 않았다. 8대의 카메라에 담긴 장면을 적절하게 잡아내서 생방송에 내보내야 하기에, 선배의 든든한 어깨가 이내 그리워졌다. 하지만 그는 좀처럼 나타나지 않았고, 옆자리의 기술 감독이 "빨리 준비하라." 며 재촉하기 시작했다. 생방송이 시작되었고 5분이 지나도 선배는 나타나지 않는다. 야속한 마음이 순간 오기로 바뀌었다. 주먹을 불끈 쥐고, 입술을 꽉 깨물었다.

'그래, 일단 가보자!'

단지 그 마음이었다. 문득 어깨 너머로 바라만 보던 선배의 움직임이 내 몸으로 재현되기 시작했다. 마치 선배에게 빙의된 것처럼 몸이 움직이자 카메라 8대가 한눈에 들어왔다. 1초 단위로 장면 장면을 선택하며 전송했다. 대중에게는 8대의 화면 중에서 최고의 장면만을 선물해야 하는데 몇 번의 잘못된 선택도 있었다. 온몸이 땀으로 젖어들었지만, 묘한 희열에 가득 차 있는 나를 발견했다.

"할 만했냐?"

방송이 끝나자 진필홍 선배가 뜻 모를 미소를 지으며 다가왔다. 작정하고 들어오지 않았던 거다. 사자가 새끼를 벼랑에서 떨어뜨리며 생존법을 가르치듯.

"좋은 기회였는데 실수가 많았습니다. 죄송합니다."

오늘의 실수 때문에 다시는 이런 기회가 주어지지 않을까 두려운 마음이 앞섰다. 시작의 막연함은 항상 두려움부터 먼저 감지하는 법이다. 하지만 좋은 선배는 후배가 가장 막연해하고 두려워하는 순간에 뜨겁게 안아주는 법이다. 선배가 괜찮다는 듯 따뜻한 미소를 지었다. 그의 미소에

괜히 눈물이 나올 것 같아 고개를 돌렸다. 그때는 이상하게도 쉽게 감동받고, 자주 뜨거워졌다. 지금은 그렇지 않다. 절정의 순간조차 참고 인내하는 법을 터득해서일까, 아니면 감정이 무뎌져서 그런 것일까. 그 순간선배의 따뜻한 목소리가 들려왔다.

"너도 나를 보며 많은 걸 배우고 있겠지만, 선배인 나도 너를 통해 하루하루 배우고 있어. 네가 가진 열정이 부럽고, 그리고 그 열정이 매번 나를 깨운다."

어깨 너머로 배우는 사람은 나만이 아니었다. 선배 역시 후배의 어깨 너머로 열정이란 단서를 얻어내곤 한다. 우리의 꿈은 선배와 후배, 완성하는 자와 시작하는 자의 열정 사이로 끊임없이 흘러간다.

히든 트랙 : K팝 월드투어

# '당장'의 함정에
빠지고 싶지 않다

"우리 같은 '노땅'들이 해야 되지 않겠나? 우리는 이미 실패에 면역이 돼 있잖아."

박태호 PD는 〈열린 음악회〉, 〈전국노래자랑〉 등을 연출한 베테랑 PD다. 나이 50이 넘으니 이제 흰머리도 희끗희끗 보이기 시작하고, 연륜이 선물한 배는 어제보다 더 나온 것 같다. 한때는 〈연예가중계〉를 진행하면서 여성 팬들을 많이 몰고 다니던 스타 PD였는데. '노땅'이란 표현보다는 '베테랑'처럼 품격 있는 단어를 사용해야 맞겠지만, 우리 사이에 대단한 격식은 필요 없었다.

젊은 날의 실패와 시련은 크게 다가오고 훗날의 트라우마가 될 수도 있다. 하지만 고생과 좌절에 이골이 난 우리 같은 세대는 실패에 그다지

개의치 않는다. 지난 인생과 사회에서 우리에게 준 선물은 '맷집'이라는 식스팩이다.

### 노땅의 무기는 맷집이다

설사 계획이 막연하더라도 실행조차 막연하면 안 된다. 2010년의 좌절 이후 우리는 보다 구체화된 실행 방법을 준비했다. 우선 K팝 월드투어를 두 가지 형태로 진행하기로 했다. 하나는 〈열린음악회〉 팀을 중심으로 뉴욕 공연을 추진하는 것이었다. 다른 하나는 〈뮤직뱅크〉 팀이 주도하기로 했다. 이미 〈뮤직뱅크〉가 KBS 월드 채널을 통해 73개국에 생중계되면서 K팝 열풍의 촉매가 되고 있는 상황이었기 때문이다.

우리는 세계 대륙별로 K팝 월드투어를 전개하기로 기획했다. 우선 2011년 7월에 K팝의 인기가 가장 높은 일본에서 〈뮤직뱅크 인 도쿄〉를 진행하기로 계획을 세웠다. 그리고 그해 10월에 드디어 미국에서 〈뉴욕 코리아 페스티벌〉이라는 브랜드로 투어 일정을 잡았다. 〈뮤직뱅크 월드 투어〉의 책임자는 김충 PD가 맡기로 했다. 그는 입사했을 때부터 지독할 정도로 프로그램에 몰두하던 친구였다. 그를 두고 '살기 위해 일하는 게 아니라, 죽기 위해 일하는 것 같다'고 놀린 적이 있을 정도다.

하지만 〈뉴욕코리아 페스티벌〉은 책임질 주체를 아직까지 찾지 못한 상태였다. 내심 가장 함께하고 싶었던 동료는 강력한 추진력으로 유명한 박태호 PD다. 그는 2007년 뉴욕에서 한국 교민들을 대상으로 〈전국노래 자랑〉을 연출한 경험이 있다. 그는 타고난 열정의 소유자다. 또한 경륜보다 더 강한 노땅의 맷집을 소유한 동료이자 후배였다. 다만 고생길이 너무나도 훤하기에 차마 강요할 수 없을 뿐이었다.

하지만 선수는 게임을 알아보는 법이다. 이미 그의 눈은 꿈을 향해 불타오르고 있었다.

누군가는 반드시 해주어야 할 일

"랜덜스아일랜드파크Randells Island Park라고 뉴욕에 있는 공원인데 4만 명까지 수용 가능하대. 공원관리국과도 얘기가 잘된 상태라네."

우리가 1차적으로 결정한 공연장이었다. 사진만 보면 단지 공원에 불과하지만 머릿속으로 무대 세트를 어떻게 세워야 할지 그림이 훤히 그려지는 그런 공연장이다.

"생각보다 쉬울 것 같은데요."

박태호 PD가 호기롭게 웃어댄다. 아직까지는 모든 게 잘 돌아가고 있어 보였다. 적어도 장소 문제만은. 나중에 장소 때문에 피 말리는 전투가 벌어질 줄은 전혀 예상하지 못했던 시기다.

"문제가 있어. 음향이나 촬영, 조명 장비 등이 턱없이 비싸. 계약금만 해도 최소 200만 불 정도 될 것 같아. 그렇다고 국내 장비를 들고 가면 운반비가 더 들 거고."

장비에는 인건비가 포함된다. 기기만 있다고 자동으로 움직이는 게 아니니 말이다. 국내 스태프를 데리고 가는 데는 더 큰 비용이 든다. 하지만 200만 불이면 너무 과하다. 협찬을 받는 데도 한계가 있는데.

"무슨 수를 써서라도 100만 불 아래로 다운시켜야 해!"

다행히도 많은 단체와 기업에서 '남북한 UN 동시가입 20주년'이라는 타이틀에 강한 관심을 보였다. 미국의 한인단체에서 가장 먼저 적극적으로 지원하겠다는 의사를 표명했고, 국내 대기업들도 협찬하겠다고 나섰다. 물론 이들을 설득하느라 우리의 입은 이미 너덜너덜해질 지경이었지만 말이다. 박태호 PD의 첫 임무는 안타깝게도 제반 시설에 대한 가격 조정이었다. 우리가 하는 일 중에서 가장 재미없는 일이었다. 가격 협상은 성과가 눈에 보이는 일이 아니기 때문이다. 하지만 누군가는 해야 한다. 박태호 PD라면 가능하리라.


실행과 새로운 도전은 계단식으로 진행되는 게 아니라, 동시에 병행되어야 한다. 내심 나는 〈뉴욕코리아 페스티벌〉 이후를 고민하고 있었다. 하늘이 나의 소망을 알고 있다는 듯, 이내 우리에게 새로운 제안이 들어왔다. 프랑스 카람바Caramba라는 기획사 측에서 K팝의 파리 공연을 제안해온 것이다. 나는 당장 그들에게 연락을 취했다.

"당신이 원한다면 직접 눈으로 확인하고 정식으로 우리에게 제안하라. 2011년 7월 14일 도쿄돔으로 오라!"


충치 무서워서 사탕 못 먹습니까?

흔히 우리는 '당장'에 대한 우려 때문에 한걸음 앞서 나아가지 못하는 경우가 있다. 당장 이 일부터 끝내야 하지 않을까, 당장 그걸 하면 이런 저런 피해가 생기지 않을까? 하지만 그런 생각은 우리를 함정에 빠트릴 수가 있다. 오늘 당장 우려되는 부분만 신경 쓰다가는 내일의 도태를 맞이할 수 있기 때문이다.

그 신념은 1992년 내가 〈지구촌 영상음악〉을 기획하고 연출하며 터득한 생각이다. 〈지구촌 영상음악〉은 전 세계의 음악과 뮤직비디오를 소개하는 프로그램이다. 나름대로는 확신이 서 있었지만, 예상 외로 반발이 심했다. 그중 대중음악계에 종사하는 분들의 목소리가 유독 컸다.

"한국 음악판 다 죽이려 드느냐!"

1990년대 초반부터 조용필, 이문세, 변진섭, 신승훈 등의 활약으로 한국 대중음악이 팝송을 누르기 시작했다. 그런 상황에서 공영방송이 해외 팝 중심의 프로그램을 편성한다고 하니 우려 섞인 목소리가 흘러나온 것이다.

"충치 무서워서 사탕 못 먹습니까? 왜 한국 가요가 도태될 거라고만 생각하십니까? 개방을 하면 오히려 더 강해질 거라는 생각은 안 하십니까?"

당장을 생각한다면 한국 가요를 보호하는 게 옳다. 하지만 어차피 한국인들도 이미 해외 팝송을 듣고 있던 시대다. 그렇다면 차라리 완전히 개방해서 그들의 장점을 배우고 우리의 단점을 극복하는 게 더욱 발전적인 방법이다. 나는 당시 착각에 가까운 확신으로 프로그램 제작에 달려들었다. 돌이켜보면, 시행착오도 많았지만 새로운 시도가 더 많았던 것 같다. 그중 대표적인 것이 뮤직비디오의 자체 제작과 크로마키chroma-key를 이용한 진행이다. 크로마키란 화면을 배경으로 촬영한 후, 나중에 파란 화면 대신 새로운 영상을 덧붙이는 거다. 지금은 대중화됐지만 당시에는 국내에서 찾아볼 수 없었던 제작 기법이다.

다행스럽게도 반응이 만족스러웠다. 음악을 좋아하는 사람들이 무조건 본방송을 사수하는 킬러 콘텐츠가 됐고, 해외 유명 뮤지션들이 내한하면 무조건 출연하는 0순위 프로그램이 됐으며, 이를 기반으로 〈글로벌 뮤직비디오GMV〉라는 월간지가 발간되기도 했다. 하지만 무엇보다도 고마운 점은 이후 한국 가요계가 진일보했다는 사실이다. 한국에서도 뮤직비디오를 제작하는 트렌드가 형성됐으며, 서태지와 아이들과 듀스 등 해외 음악계에 겨뤄도 부족함이 없는 새로운 뮤지션들이 등장했다.


지금 당장을 생각한다면 일본과 미국 공연에만 전념하는 것이 옳다. 두 나라의 공연 성패가 나오지도 않는 상황에서 파리 공연을 준비하는 건 우리 내부에서도 무리가 따른다. 하지만 지금 당장만 생각한다면 획기적이고 장기적인 기획은 절대 탄생할 수 없다. 기획은 혁신 행위다. 모든 기획자의 시선은 넓게 멀리 퍼져야 한다. 당장의 급선무에 매몰되면 기획을 세울 수 없다. 현실적으로 불가능하다고 포기하면 안 된다. 현실적으로 가능한 방법을 고안해내야 한다. 사실 K팝 월드투어에 대한 당시 내 계획은 일본, 미국, 프랑스, 홍콩 순서였다. 아시아에서 아메리카, 유럽으로 간 다음에 다시 아시아로 돌아오는 흐름이다. 물론 이 일정을 한

해 동안 모두 진행할 수는 없다. 2012년까지 바라본 기획이다. 그리고 2012년의 해가 뜨자마자 또 다른 지역을 준비하고 싶어졌다. 당시 내가 탐냈던 지역은 서아시아와 남아메리카다.

▼
# 바람에는 기원이 존재한다

▼
쉽지 않았다. 2011년의 무더운 여름, 박태호 PD는 의지할 데 하나 없는 미국 땅에서 식어버린 햄버거와 콜라를 먹으며 울고 싶을 정도로 힘들어했다. 지독한 국장은 계속해서 100만 불 이하로 조명, 촬영, 음향 장비를 구축하라고 하는데, 미국 시장에서 그 정도 가격으로는 어림도 없었다. 만나볼 사람과 만나야 할 사람은 다 만나봐도 불가능해 보이는 임무였다.

한국인만 한국인이 얼마나 뜨거운지 모른다

최근 기자들과 인터뷰를 많이 하게 되는데, 그때 가장 많이 듣는 질문이 이것이다.

"언제부터 K팝이 세계에 통할 거라고 예상하셨나요?"

난감하다. 너무 오랫동안 품어왔던 꿈이기 때문이다. 나는 한걸음 한걸음씩 작은 단초들만 이어왔던 것 같다. 더욱이 K팝의 대담한 성과를 이룬 건 내가 아니다. 나는 방송과 공연 콘텐츠를 기획하고 제작했을 뿐이다. 그 모든 성과는 뮤지션들과 엔터테인먼트 관계자들에게 돌려야 한다.

사실 나는 K팝보다 K컬처의 가능성을 먼저 찾아냈다. 한국인들만의 문화, K컬처라는 콘텐츠 플랫폼이 언젠가는 세계 시장을 강타할 수 있으리라는 확신을 눈으로 확인한 적이 있었기 때문이다. 때는 2002년 6월 한·일 월드컵 시기였다.

스포츠 중계는 당연히 보도국에서 담당한다. 하지만 2002 월드컵은 단순한 스포츠 행사가 아니었다. 그래서 예능국에서도 가만히 넋 놓고 보지 않았다. 그래서 각 방송사 예능국마다 2002 월드컵에 어떤 예능 콘텐츠를 개발할지 혈안이 됐다. 가수 중심의 콘서트부터 경기장의 이면을 찾아가는 MBC 〈이경규가 간다〉 같은 콘텐츠까지 수많은 아이템들이 쏟아져 나왔다.

우리가 생각한 방송 아이템은 응원전이었다. 거리의 응원전을 가정에서 맛볼 수 있도록 해보자는 생각에서 출발했다. 당시까지 해외 경기의 중간 중간에 응원전을 삽입하는 경우는 있었지만, 아예 그 자체를 방송 콘텐츠로 만든 프로그램은 없었다. 그래서 우리는 서울시청에 가장 먼저 찾아갔다. 당시까지 서울시청 앞 광장은 소규모 행사밖에 진행된 적이 없었다. 오히려 마로니에 공원이나 여의도 공원이 응원전에 알맞은 장소였다. 하지만 대한민국의 생생한 현장으로는 서울시청이 더 적합하다. 말 그대로 서울의 중심이 아닌가.

모두들 기억하다시피 2002년의 우리는 정말로 뜨거웠다. 모두가 하나가 되어 '오 필승 코리아'를 외치지 않았던가? 나는 당시 최초로 서울시청 광장에서 현장을 연출하고 있었는데 외국 방송사로부터 방송 화면을 제공해 줄 수 없느냐는 제안을 많이 받았다. 모두가 한국인들의 뜨거운 응원 문화를 세계에 소개하고 싶어 했다. 이는 현장에서만 느낄 수 있는 짜릿함이다. 생각해보니, 세계 어느 나라를 다녀도 우리처럼 열정적인 문화가 없다. 외국인들로서는 매우 생소하면서도 탐나는 문화다. 왜 그동안 우리는 외국의 문화를 탐내기만 했을까? 왜 한국인의 열정이 대단한 것을 한국인만 모르는가? 이토록 뜨거운 문화를 세계에 유통시킬 방법은 없을까? 이런 고민들이 시작된 시점은 이때부터다.


한국이라면 무조건 합니다

"탐, 이 동영상 한 번만 봐주십시오."

벌써 3일째다. 박태호 PD는 수소문 끝에 알게 된 미국 케이블 방송사 직원을 통해 공연 전문 회사인 AMV(All Mobile Video)에 방문했다. 그리고 일주일 동안 수소문하여 겨우 부사장을 만날 수 있었다. 하지만 그의 반응은 냉담했다.

"우리가 무슨 자선사업가입니까? 그 금액으로는 어렵습니다."

탐이라고 불리는, 박태호 PD보다 덩치가 두 배는 큰 부사장은 우리의 오퍼 금액을 듣자마자 손사래를 쳤다. 금액도 금액이거니와 생판 처음보는 동양인을 우리가 어떻게 믿고 계약하느냐는 것이 그의 입장이었다. 그래도 박태호 PD는 책상을 뒤엎고 싶은 충동을 억누르고 다시 찾아가서 통사정을 했다고 한다. 하지만 또 다시 냉담한 눈빛. 그래서 마지막이라는 마음으로 K팝 공연 장면이 담긴 동영상 CD를 선물했다. 단 한 번이라도 장면을 보고 평가해달라며.

기적은 탄성과 함께 찾아왔다. 다음날 탐에게서 연락이 왔다. 우리가 예상한 것보다 훨씬 낮은 금액인 80만 불에 계약하자며. 도대체 이게 어떻게 된 일인가?

"와우, 한국 가수들 놀랍습니다. 우리 아이들과 직원들은 이미 한국 가수들 팬이더군요."

탐은 박태호 PD가 간 뒤 혹시나 하는 마음에 동영상을 재생해봤다. 첫번째 나온 K팝 스타들을 보고 "잘 하는 팀 하나 정도는 있을 수 있지."하고 단순히 생각했는데 그게 아니더란다. 모든 한국 가수가 저마다의 매력을 무대에서 뽐내고 있었기 때문이다. 그래서 주위 직원과 집에 가서 K팝에 대해 아냐고 물어보니 모두가 엄지손가락을 치켜세웠다고 한다.

"아빠, 요즘은 K팝이 최고야."

"부사장님, K팝 공연은 미국에서 한 번도 없었어요. 최초예요. 이건 기회일 수 있어요."

그래서 자신들이 손해 보는 일이 있더라도 〈뉴욕코리아 페스티벌〉 공연을 맡겠다고 연락해온 것이다. 사실 탐도 한국을 몰랐던 것은 아니다.

올림픽과 월드컵을 치른 사실도 알고 있었다. 하지만 올림픽과 월드컵이 그 나라의 콘텐츠를 증명하는 게 아니었기에 그토록 냉담한 반응을 보인 것이다.

AMV의 믿음은 최고의 지원으로 이어졌다. 모든 장비와 무대 세트에 관해 우리의 구상대로 따르겠다고 약속했다. 박태호 PD의 열성과 열정도 이 계약에 힘이 되었지만, 핵심역량은 K팝 콘텐츠에서 점화됐다고 볼 수 있다.

우리도 미처 알지 못했던 K팝의 영향력을 보여주는 사례가 하나 더 있다. 〈뉴욕코리아 페스티벌〉이라는 이름에 맞게 한국인들이 가장 선호하는 미국 팝가수를 초청하기로 했다. 미리 교민들을 상대로 조사를 해보니 'Y.M.C.A'로 유명한 빌리지피플Village People의 인기가 높았다. 너무 유명한 가수라서 섭외가 가능할지 걱정했는데 그들의 대답은 뜻밖이었다.

"한국이요? 그러면 무조건 합니다. 저희도 K팝 팬입니다."

K팝의 현주소를 알려주는 가장 적절한 한마디였다.


미국드라마 〈브레이킹 배드Breaking Bad〉를 제작하는 크리에이터 빈스 길러건Vince Gilligan이 이런 말을 했다.

"이야기를 팔려고 한다면 실패할 것이다. 바이어들이 사려는 것은 열정이다. 열정은 꾸며낼 수 없다."

외국인들이 말하는 K팝의 장점도 이와 같다. K팝에는 노련함과 세련미로 꾸며낼 수 없는 열정이 넘친다고 한다. 그래서 K팝을 들으면 따라 부르고 싶고, 같이 어울려 춤추고 싶어진다는 것이다. 종종 K팝이 너무 서구적이라고 평가하는 한국 사람들이 있는데, 다시 한 번 생각해봤으면 한다. 문화는 외양적인 형태로 평가할 수 있는 게 절대 아니다. 기저에 담긴 정서가 중요하다. 실제로 외국인들은 K팝의 정서가 가장 한국 문화 답다고 칭찬하기도 한다. 한국인들만의 열정을 현 시점에서 가장 뜨겁게 담아내고 있기 때문이다. 알고 보니 우리가 미국에 판 건 단순하고 무모한 꿈이 아니었다. 우리는 한국인들만이 갖고 있는 열정의 문화 콘텐츠를 판매했고, 그들은 그걸 정당하게 구매한 셈이다. 모든 바람에는 기원이 존재한다. K팝의 뜨거운 인기는 한국인들의 열정에서 기원을 찾을 수 있다.

# 처음부터 가능해 보이는 일은
# 꿈이라 부르지도 않는다

2011년 7월 13일, 도쿄돔에서 펼쳐진 〈뮤직뱅크 인 도쿄〉에는 4만 5,000명의 관객이 모였고, 공연은 성황리에 끝났다. 우리가 생각하던 것보다 일본 내 K팝의 반응은 뜨거웠다. 공연도 우리 스스로 신기해할 정도로 별 탈 없이 끝났다. 일본 언론에서는 '한류의 극치極致'라고 이번 공연을 치켜세워주었다. 우리들의 자신감은 한층 높아졌고, 〈뉴욕코리아 페스티벌〉에 대한 기대도 커졌다.

"이대로만 하면 돼!"

그런 분위기였다. 하지만 뭐가 됐든 샴페인은 일찍 따는 게 아니다. 정말이다. 위기는 우리의 섣부른 자신감에서 싹트기 시작했다.

히든 트랙 : K팝 월드투어

이대로만 하면 안 돼!

K팝의 인기를 실감하니 공연을 더 큰 규모로 확대시킬 수 있다는 자신감이 솟구쳤다. 애초 예상 관객 인원이 2만 명이었는데, 공연장의 최대 수용 인원인 4만 명까지 채워보고 싶었다. 그래서 우리는 2011년 8월에 뉴욕 현지에서 기자회견을 진행했다. 놀랍게도 폭발적인 피드백이 이어졌다. 문제는 그 반응이 우리에게 오히려 위기로 다가왔다는 점이다.

"우리 공원에서 공연을 허락할 수 없습니다."

랜덜스아일랜드파크의 공원관리국 측에서 공연 불허를 통보해왔다. 이게 갑자기 무슨 일인가? 공연 날짜를 40여 일 앞둔 상태에서 갑자기 취소라니. 난감함과 절박함 속에서 사정을 알아보니 기자회견 이후 미국 현지인들을 포함하여 남아메리카부터 캐나다까지 이곳저곳에서 수많은 문의 전화가 걸려 와 공원관리국 업무가 마비될 정도였다고 한다. 공연 두 달 전에도 이렇게 아우성이라면 실제 공연 날에는 더 큰 혼란이 발생할 것이고, 그러면 사고가 틀림없이 발생하는데 이를 대비할 자신이 없다는 것이 그들의 입장이었다. 실제로 해외에서 공연을 할 때는 까다로운 안전 검사를 통과해야 한다. 소방법, 도로교통법 등의 점검을 받지 않으면 공연을 실행할 수 없다.

"아마 K팝 공연은 미국 어디에서도 장소를 잡기 어려울 거예요."

모든 게 K팝의 뜨거운 인기 때문이다. 미국 내 공연 전문가들에게 문의하니, 그들은 안전 문제에 자신 있는 공연장을 단기간에 찾기란 불가능한 일이라고 진단하면서 아예 공연을 연기하는 것이 현명한 선택이라고 했다. 하늘이 무너지는 기분이었다. 기자회견이 끝난 지 며칠 지나지도 않았는데 이런 날벼락 같이 일이 벌어지다니. 우리는 혼란이라는 그 물에 휩싸이고 말았다.

공연 예상 인원을 좀 더 현실적으로 계산했더라면, 안전 문제를 미리 점검해서 경호요원 등을 사전에 준비시켰더라면, 취소될 경우를 생각해서 복수의 공연장을 준비했더라면.

나에게 남은 건 자책과 후회였다. 너무나도 안일하고 단순하게 국내 촬영하듯 준비한 게 아닌지 반성도 이어졌다. 실행을 할 때는 같은 고민도 여러 차례 반복적으로 검토해봐야 한다. 장기 프로젝트를 진행하다 보면 후반부에 '잘 될 것 같다.'는 분위기와 '어떻게든 잘 되겠지.'라는 막연한 기대감이 생길 때가 있다. 그런 기분이 드는 건 프로젝트가 실제로 수월하게 진행되고 있어서가 아니다. 그냥 업무의 진행 과정에서 다가오는 일시적 환상일 뿐이다. 장기 프로젝트는 그 특성상 평가를 마치기 전까지 성과를 절대로 예측할 수 없고, 예상해서도 안 된다. 마지막의 아주 작은 실수 하나가 그동안의 모든 노력을 수포로 만들 수도 있기 때문이다. 〈뉴욕코리아 페스티벌〉의 실행 과정에서 우리의 실수가 바로 그것이었다. 어느 순간 기대에 들떠 잘될 거라는 성급한 예측을 해버리면서 세심하게 주의해야 할 사항들을 놓쳐버렸다. 이에 대해 가장 큰 책임을 져야 할 사람은 바로 나였다.

어떤 관객에게는 처음이자 마지막 경험이다

동방신기, 빅뱅, 2PM, 소녀시대, 비스트, 슈퍼주니어, 카라, 에프엑스 등. 세계적으로 큰 인기를 얻고 있는 국내 K팝 그룹이다. 이들이 얼마나 대단한지는 리허설만 봐도 알 수 있다. 한창 대화를 하다가도 음악만 나오면 저절로 군무를 출 정도다. 예전에 H.O.T는 자다가 일어나도 다섯 명이 칼같이 맞춰서 군무를 출 수 있다고 말했는데, 이는 절대 실없는 농담이 아니다. 한 곡을 위해 수천, 수만 번의 연습을 반복하기 때문에 가능한 일이다. 말콤 글래드웰이 찾아낸 '1만 시간의 법칙'을 K팝 스타들은 이미 실천하고 있던 셈이다.

〈뮤직뱅크 인 도쿄〉의 공연 진행 과정에서 경험한 에피소드를 소개하고 싶다. 공연 시간이 촉박해진 연유로 모든 출연 가수들의 최종 리허설 시간을 줄이기로 결정했다. 다른 팀들은 모두 수긍하는데 유독 동방신기의 두 멤버만이 어두운 얼굴을 하였다. 그리고 잠시 후 자신들끼리 상의를 마치더니 정중하게 역제안을 해왔다.

"저희들이 세 곡 하기로 했는데 두 곡으로 줄여야 한다면, 한 곡은 전체 다 하고, 나머지 두 곡은 반 정도씩 하면 안 될까요?"

제작진의 상황을 고려하면서 스타라고 특혜를 요구한 것도 아닌 현명한 제안이었다. 하지만 의아했다. 이들은 지금 무대에 서도 최고의 공연을 보여줄 수 있을 텐데, 왜 굳이 고집해서 전곡을 다 맞춰보려고 할까? 한 곡 정도 리허설을 안 한다고 해서 공연에 지장이 생길까?

"저희에게는 수만 번의 공연 중 하나일 수 있겠지만, 팬들에게는 처음이자 마지막 공연일 수도 있으니까요."

동방신기의 리더 유노윤호가 리허설을 마친 후 한 말이다. 그러고는 묵묵하게 대기실로 들어가서 다시 안무를 맞췄다. 정확히 세 시간 뒤, 동방신기가 만들어낸 〈뮤직뱅크 인 도쿄〉의 피날레 무대는 팬들이 왜 그들에게 환호하는지를 여실히 보여주는 최고의 퍼포먼스였다.

2012년 3월, 베트남 하노이에서 〈베트남코리아 페스티벌〉 공연을 준비할 때 슈퍼주니어에게도 유사한 상황이 벌어졌다. 당일 최종 리허설을 하는데 공연에 사용될 리프트가 고장 나서 한 번 올라가면 다시는 내려갈 수가 없게 되었다. 수리를 위해서는 이틀 정도가 소요된다고 한다. 다행히도 리프트는 슈퍼주니어만이 이용하도록 예정돼 있어, 그들에게 사용하지 말도록 권고했다. 눈으로 봐도 알 수 있다. 리프트 없이 평면 무대에서 춤을 추면 더 편하다는 사실을 말이다.

"모든 공연마다 최고의 무대를 보여주고 싶어요."

슈퍼주니어의 리더 이특은 우리의 제안을 단호하게 거절하면서 올라가서 내려오지 않는 리프트에 맞춰 안무를 변경했다. 안무가도 필요 없고 굳이 상의도 하지 않았다. 멤버들 스스로 다시 안무를 조정하고 눈빛으로 의견을 교환한다. 그들의 공연을 수십 번 지켜 본 나조차도 꼭 다시 보고 싶을 정도의 환상적인 퍼포먼스가 잠시 후 무대에서 펼쳐진 건 당연한 수순이었다.

동방신기나 슈퍼주니어와 같은 K팝 스타들이 이룬 모든 영광의 이면에는 이런 진지하고 세심한 노력과 함께 마지막까지 긴장을 놓지 않고 최선을 다하는 태도가 있었다. 그러자 나에 대한 반성이 끊임없이 이어졌다. 그 거대한 〈뉴욕코리아 페스티벌〉을 앞두고 노력도 부족했고, 마지막에는 긴장까지 풀린 건 아니었을까? 하지만 능력은 부족해도 포기는 안 하는 게 우리들의 생존법이다. 이대로 반성만 하고서 〈뉴욕코리아 페스티벌〉을 포기하기에는 아쉬움이 남았다. 우리들은 다시 이를 악물었다. 쉽게 포기할 거라면, 처음부터 가능해 보였던 일이라면 굳이 도전할 필요도, 꿈이라 부를 이유도 없지 않은가?

# 우리의 방식을 설명하려고
# 애쓰지 않는다

"새 공연장을 못 잡으면 아예 한국 땅을 밟지 않겠습니다!"

박태호 PD의 비장한 출사표다. 위기에 직면하자 우리는 더욱 강해졌다. KBS 스태프들은 전혀 사분오열되지 않았으며 오히려 똘똘 뭉쳤다. 박태호 PD와 무대 디자이너 김경일은 9월의 추석 연휴도 반납하고 미국에 머물러 있어야 했다. 어떻게든 공연장을 찾아낸 뒤 도장까지 찍어 오겠다며 전의를 불태웠다. 한국에 남은 우리들도 다시 처음부터 준비하기 시작한다. 미국 내 공연 전문가들에게 문의하여 안전성에 대한 대비책을 마련했다. 어떻게든 〈뉴욕코리아 페스티벌〉을 제대로 치르고 싶다는 의지가 강해졌다. 모두가 같은 꿈을 꾸고 있었기 때문이다.

오늘보다 내일의 박수를 원한다

문제는 주위 반응이었다. 공연장에 대한 소식이 전해지자 〈뉴욕코리아 페스티벌〉을 포기하라는 여론이 우리를 압박하기 시작했다. 물론 그들 나름대로 걱정하는 마음에서 비롯된 배려였다.

"하루라도 먼저 취소 발표를 해야 뒤탈이 없어요."

빨리 교민들과 현지 K팝 팬들에게 취소 소식을 알려야 KBS도, K팝도 망신을 당하지 않는다는 게 그들의 생각이었다. 일리가 있는 주장이다. 능력 부족으로 무산되는 것보다는 자체 취소 방침이 더 모양새가 좋다.

하지만 나는 말을 아꼈다. 최소 비용으로 강한 야구 팀을 만들었던 오클랜드 애슬레틱스Oakland Athletics 구단의 이야기를 담은 영화 〈머니볼 Moneyball〉을 보면, 주인공 빌리 빈William Lamar Beane이 "우리의 방식을 굳이 남에게 설명하려고 하지 마."라고 말하는 장면이 있다. 설명과 설득으로 일을 풀어가는 게 최선의 업무 진행 방법인 건 확실하다. 하지만 그건 조직 내에서의 이야기다. 조직 외부의 관계자들에게까지 일일이 설명하고 설득하기란 거의 불가능하고, 만약 가능하더라도 초점이 흐려질 수 있다. 훈수 두는 사람이 많아선 안 된다. 진행 과정에서 응원과 지지를 못 받는다고 결과물까지 박수를 못 받는 것도 아니다. 힘을 낭비할 필요는 없다. 꿋꿋하게 목표를 향해 전진하자. 그런 마음이었다.

그럼에도 두려웠던 부분이 있었다. 〈뉴욕코리아 페스티벌〉에 출연하기로 예정돼 있던 K팝 스타들이 동요하지 않을까 하는 것이었다. 경력이 화려한 베테랑 출연진들은 오랜 기간 우리와 같이 일했기에 걱정 하지 않았다. 산전수전 다 겪은 사람들이니 인생의 작은 풍랑에 절대 동요하지 않을 사람들이다. 하지만 K팝 스타들은 바쁜 일정 중에도 〈뉴욕코리아 페스티벌〉을 위해 이틀간의 스케줄을 이미 비워둔 상태다. 앞으로 더 많은 무대에 서야 할 그들에게만은 혼란을 주고 싶지 않았다.

"길거리 공연도 괜찮고, 관객이 단 한 명뿐이어도 괜찮으니 저희 가수들 걱정은 마세요."

하지만 나의 불안과 걱정은 무의미했다. 비스트와 포미닛이 소속된 큐브엔터테인먼트의 홍승성 대표는 오히려 우리에게 힘을 실어줬다. 자기들도 해외진출을 시도해봐서 아는데 준비 과정에서 예상치 못한 문제들이 발생하는 건 당연한 일이란다. 비스트와 포미닛은 무조건 출연할 테니 안심하고 공연 준비에만 최선을 다해달라는 부탁까지 해왔다. 다른 기획사들의 입장도 마찬가지였다.

"우리 가수들은 전날 대만에서 공연이 끝나는데, 바로 뉴욕으로 날아갈 거예요."

2PM의 소속사 JYP의 정욱 대표가 한 말이다. 다른 출연진은 국내에서 함께 떠나는데 2PM은 스케줄상 대만에서 새벽 비행기로 출발해서 합류하기로 했다. 2PM 멤버들이나 기획사 입장에서는 무리한 스케줄이고 비행기표를 개별적으로 구매해야 하니 경제적으로도 손해가 되는 공연인데도 무조건 참여하겠다는 것이다. 실제로 그들은 2,000만 원이라는 항공료를 기획사에서 지불해가면서 뉴욕에 왔다. 한국의 대형 연예기획사들이 세계

시장에서 성공한 이유를 느끼게 하는 대목이라 할 수 있겠다.


보이지 않는 장면을 보다

"뉴저지는 뉴욕과 거리가 매우 가까워요. 그리고 뉴저지에 4,000석 규모 공연장이 있는데 거기라도 괜찮다면 한번 가보세요."

한 교민이 박태호 PD와 김경일 디자이너에게 뉴욕 대신 뉴저지를 추천했다. 하지만 그들은 4,000석이라는 말에 이내 실망했다. 〈뉴욕코리아페스티벌〉의 예상 인원이 2만 명 이상이었기 때문이다. 객석 수가 반도 안 되는 공연장을 보기 위해 뉴저지에 갈 필요가 있을까? 하지만 안 보는 것보다 보는 게 낫다. 공연 장소를 섭외하기 위해 너무 많은 사람들을 만나서 수많은 이야기를 하다 보니 입에서 단내가 날 정도로 고생했던 그들은 지푸라기라도 잡는 심정으로 피곤한 몸을 이끌고 뉴저지로 향했다. 예상대로 공연장은 기대에 못 미쳤다. 혹시나 하는 기대마저 무산된 것이다. 그렇게 예고된 좌절을 하면서 공원을 빠져나오는데 그들의 머릿속에 큰 섬광이 비쳤다고 한다.

'아예 이 공원에서 행사를 진행한다면?'

지금은 그냥 공원이다. 하지만 무대를 만들고 조명과 카메라, 음향장치를 달고, 객석에 의자를 놓는다면 이곳은 완벽하게 야외 공연장으로 변한다. 어차피 우리는 야외 공연을 추진하지 않았던가. 현재의 눈으로는 보이지 않는 미래의 상황들이 눈앞에 펼쳐졌다.

"5만 명 정도 수용 가능합니다. 하지만 이곳은 공연장이 아니라 공원이라고요."

박태호 PD와 김경일 디자이너는 공원관리국으로 달려갔다. 그리고 또다시 거절당했다. 하지만 그들은 미소를 지었다. 이미 그들의 머릿속에서는 이곳이 2011년 10월 9일 〈뉴욕코리아 페스티벌〉의 완벽한 공연장이었기 때문이다.

"지금 거기서 뭐하십니까? 이제 좀 나가주세요."

뉴욕에서는 일주일 동안 똑같은 일상이 반복됐다. 김경일 디자이너는 공원에서 담당 직원들 몰래 무대 디자인을 진행했다. 거리도 재고, 객석 규모도 확인하면서 말이다. 그러면 담당 공무원들이 다가와 공원 이용에 방해가 된다며 쫓아낸다. 그러면 조용히 사라졌다가, 직원들이 사라진 것을 확인한 뒤 다시 찾아간다. 그 시간에 박태호 PD는 매일같이 커피와 음료수를 사들고 공원관리국에 찾아가서 무작정 앉아 있었다. 달리 방법이 없었기 때문이다. 간혹 미국 공무원이 된 교민이 도움을 주기도 했지만 허락은 쉽게 떨어지지 않았다. 그래도 박태호 PD는 K팝을 현지 공무원들에게 들려주며 끝까지 포기하지 않았다. 일주일 정도 지나자 공원관리국의 직원들도 서서히 K팝을 흥얼거리기 시작했다고 한다.

다시 한 번 분명히 말하지만 우리는 모두 같은 꿈을 꾸고 있었다.

# 인과론에서 벗어나면
# 마법의 시간이 펼쳐진다

"이제 우리가 이 공연을 더 보고 싶어졌습니다!"

한 통의 전화가 우리를 환희로 몰아넣었다. 공연이 허가됐으니 빨리 서류를 찾아가라는 소식이었다. 공연을 3주 남긴 시점에, 10일간의 도전 끝에 받아든 성과였다. 기쁜 마음에 맹렬히 공원관리국으로 달려가니 직원들이 환하게 웃으면서 축하해줬다. 어떤 여성 직원은 박수를 치고, 어떤 남성 직원은 엄지손가락을 치켜세워줬다고 한다. 그리고 박태호 PD는 기쁜 마음에 나에게 전화를 걸었다. 당시 미국 시각은 오후 3시, 한국 시각으로는 새벽 2시였다.

오후 3시와 새벽 2시의 전화

"국장님! 공연장이 확정됐습니다! 허락이 떨어졌습니다! 이제 5만 명이 들어와도 문제없는 공연장이 생겼습니다!"

너무 흥분이 되었는지 울컥하는 목소리가 수화기 너머로 들려왔다. 어찌 그 희열을 눈물이 아닌 다른 방식으로 표현할 수 있겠는가. 한동안 가슴이 먹먹했다. 그럼에도 나는 그들에게 대단한 칭찬을 못 해줬다. 이 말이 전부였다.

"정말로 고생했다. 그리고 미안하고 고맙다."

한국 야구계에서 '야신'이라 불리는 김성근 감독이 "'어차피'라는 생각을 '반드시'로 바꾸면 인생이 달라진다."라는 말을 한 적이 있다. 우리는 지나치게 인과론에 얽매여 산다. 안 되는 놈은 평생을 가도 안 된다는 편견과 '될성부른 나무는 떡잎부터 알아본다'는 선입견이 삶을 방해한다. 시작과 원인이 잘못되면 끝과 결말도 좋지 못할 거라는 패배주의적인 발상 속에 "어차피 안 될 거였어."라는 말로 실패를 변명하는 일도 종종 있다. 하지만 끝과 결말은 아무도 모른다. 생각의 기준을 바꿔야 한다. 시작과 원인 과정에서 저질렀던 문제만 파악한다면 극복은 가능하다. 반드시 해내고 말겠다는 의지는 언제든 상황을 역전시킬 수 있다. 개천에서 용이 나오고, 돼지 목에 어울리는 진주도 찾을 수 있다. 그래서 인생은 인과론으로 움직이지 않는다. 오히려 돌연변이와 같은 기적들이 인생의 항로를 수없이 바꾸고, 그 과정에서 우리는 성장이라는 마법을 체험한다.

히든 트랙 : K팝 월드투어

그래서 인생이 흥미로운 것이다.


## 남은 건 스스로를 증명하는 일이다

뉴욕 맨해튼 골목의 작고 협소한 공간이었다. 한 주택의 허름한 주차장을 음악 작업실로 개조한 그 공간은 한국 최고의 뮤지션에게 전혀 어울리지 않았다. 더욱이 그는 최고의 가수이자, G.O.D와 비 등을 키워낸 프로듀서이며, JYP라는 대형 연예기획사의 수장인데도 말이다. 맞다. 박진영에 대한 이야기다. K팝이라는 개념 자체가 없던 2007년, 그는 화려한 한국 연예계를 떠나 불현듯 미국으로 향한다.

"한국 음악을 미국에 알리고, 한국 음악을 미국인들이 부르도록 만들 거예요."

적어도 그의 꿈은 절대로 촌스럽거나 낡지 않았다. 우연히 미국 출장길에 연락을 받고 찾아가게 된 그의 작업실에서 나는 K팝의 가능성을 감지했다. 긴 여행에서 동지를 만나는 것만큼 행복한 일은 없다. 내가 가는 길이 잘못된 방향이 아님을 알려주기 때문이다.

'한국의 뮤지션들이 만든 음악 콘텐츠를 세계에 유통시킬 수 있는 콘텐츠 플랫폼을 만들고 싶다.'

오랜 시간 혼자 달려왔다고 생각했는데 이미 전선에는 나보다 더 끈질기게 전투를 벌이는 동료들이 있었다. 방향을 잘못 잡은 게 아니다. 곧 K팝만으로도 가능한 미래가 곧 펼쳐진다.

"지금처럼만 하면, 언젠가는 스스로 너의 꿈을 증명할 수 있을 거야."

내가 박진영에게 그날 해줄 수 있었던 건 작은 격려밖에 없었다. 꿈을 향해 달려온, 질주하는 동지에게는 지지와 박수가 어울린다. 그리고 그건 박진영과 같은 꿈을 꾸고 있는 나에게 보내는 지지와 박수일 수도 있었다. 몇 년 뒤 박진영의 꿈이 현실화됐다. 실제로 박진영은 메이스Mase, 윌 스미스Will Smith와 같은 미국의 뮤지션들에게 곡을 판매했고, 그가 키운 원더걸스도 미국 시장에서 소기의 성과를 거두었다. 그리고 싸이가 등장했다.

우리가 판을 만든다

희망과 좌절은 동시간대에 같이 전해지기도 한다. 그동안 애태웠던 미국에서는 희망적인 소식이 들려왔다.

"정말 2만 장이 벌써 나갔다고?"

안전 문제가 걱정되어, 그 대비책의 일환으로 공연 2주 전에 2만 장의 표를 인터넷과 배포처를 통해 유통시켰다. 그런데 개시한 지 며칠 되지도 않아 2만 장 전체가 다 나간 것이다. 아무리 무료 공연이라지만 이 정도로 반응이 뜨거울지는 전혀 예상하지 못했다. 2만 명으로 예상했던 최종 관객 숫자를 상향해야 하는 행복한 고민이 닥쳐왔다.

반면 프랑스 파리에서는 안타까운 소식이 전해졌다. 프랑스 현지 공연 담당 회사인 카람바에서 2012년 2월 8일과 9일에 걸쳐 이틀간 진행하기로 한 〈뮤직뱅크 인 파리〉의 취소를 요청해온 것이다. 그들은 도쿄돔에서 〈뮤직뱅크 인 도쿄〉를 관람하고는 2회 공연을 제안해왔다. 하지만 다시 생각해보니 공연 날이 프랑스의 수학능력시험일이라 할 수 있는 바칼로레아Baccalaureat 3일 전이었고, 기온도 영하로 떨어질 것으로 판단하여, 관객이 많지 않으리라는 판단에 투자비용이라도 회수하고자 카람바에서는 공연 취소를 결정하였다.

사실 우리들은 카람바 측에 애초부터 1회 공연을 제안했다. 하지만 그들이 무리를 해서라도 2회 공연을 강행한 것이다. 프랑스의 중소 공연대행사였던 카람바는 K팝 공연을 통해 크게 도약하고 싶어 하는 마음이 강했다. 그들의 잘못된 판단에 K팝의 기세가 꺾일까 두려웠다. 그래서 우리가 선택한 첫 번째 방법은 다시 최초로 돌아가는 일이었다. 카람바와 별개로, 자체적으로라도 〈뮤직뱅크 인 파리〉를 성사시키기 위해 다시 시장조사에 들어갔다. 김충 PD는 바로 프랑스 파리로 날아가서 시장조사와 함께 카람바와 협상에 들어갔다. 나는 그에게 협상에 너무 기대를 걸지 말라고 말했다. K팝이라는 거대한 콘텐츠 플랫폼을 믿는다면 굳이 고개 숙일 상황이 아니다. 누군가에게 의지하지 않고 우리 스스로의 힘에 의존해도 된다고 믿었다. 하도 많은 고난을 반복해서인지 사실 별로 두렵지도 걱정되지도 않았다. 그 정도 어려움은 손끝에 난 작은 상처에 불과하다.

다행히 파리에는 '코리안커넥션'이라는 K팝 팬클럽이 있다. 프랑스로 입양된 한국인 막심 파케가 이끌고 있는 이 팬클럽은 회원수만 6,000여 명에 달한다. 〈뮤직뱅크 인 파리〉가 열린다고 하니 이들이 벌써부터 들

썩이고 있다는 소식이 들려왔다. 아직 넉 달이나 남았는데도 말이다. 이미 자체적으로 K팝 커버댄스(모방춤) 대회를 개최하고 있다는 소식까지 들려왔다. 그들을 위해서라도 절대로 〈뮤직뱅크 인 파리〉를 포기할 수 없었다.

"공연을 1회로 축소한다. 하지만 그 이상은 절대 타협할 수 없다."

마지막으로 우리는 카람바 측에 통보했다. 이제 판은 우리가 움직인다. 판을 만드는 것도 K팝이 할 것이고, 그 판에서 뛰어노는 주체도 K팝이 될 것이다.


쇼는 이미 시작됐다

전 세계에 K팝 물결이 출렁이고 있음에도, 막상 나는 〈뉴욕코리아 페스티벌〉이 다가올수록 초조함을 감추지 못했다. 그리고 2011년 10월 8일, 〈뉴욕코리아 페스티벌〉 하루 전 날 혹시나 하는 불안감을 안고 나는 뉴욕 거리를 헤맸다.

'혹시 공연 중에 안전사고라도 나면 어쩌지?'

'객석에 한국 교민들만 있다면 외신들은 어떻게 바라볼까?'

'아예 교민들조차 아무도 오지 않는 거 아냐?'

이미 사전 리허설까지 마쳤으면서도 초조한 마음이 기대와 설렘을 앞서고 말았다. 뉴욕의 화려한 네온사인 앞에서 나는 움츠러들었다. 그때 어둠 사이로 비추는 섬광처럼, 멀리서 음악 소리가 들려왔다.

"이렇게 난 또, 잊지 못하고, 내 가슴속에 끝나지 않을 이야길 쓰고 있

어."(비스트의 '픽션' 중에서)

소리의 진원지는 미국 뉴욕의 타임스퀘어 MTV 스튜디오 앞이었다. 대형 LED 화면에는 K팝 스타인 비스트와 포미닛의 공연 장면이 상영되고 있었다. 그리고 대형 화면 주위로 미국과 남아메리카의 젊은 팬들이 이들 음악에 맞춰 춤을 추는 광경이 펼쳐졌다. 미국 뉴욕의 거리 한복판에서 말이다. 나는 작은 존재지만, K팝은 이미 거대한 흐름이 되고 있었다.

"저희는 이제 뉴저지로 가요!"

MTV의 K팝 프로그램이 끝나자 그들은 각자 배낭을 둘러매고 떠나기 시작했다. 목적지는 나와 같았다. 다음 날 있을 〈뉴욕코리아 페스티벌〉을 향해 떠나는 여행객이었다. 그제야 실감 나기 시작했다. 쇼가 시작됐음이.

# 다른 꿈이 아닌
# 특별한 꿈에 도달하다

"요즘 애들은 참 대단하네. 무대에서 전혀 떨지를 않아. 나는 아직도 이렇게 떨리는데."

〈뉴욕코리아 페스티벌〉의 1부는 아이돌 스타들이 맡고 2부는 베테랑 가수들이 진행하기로 했다. 낯선 공간의 대규모 관객 앞에서 노래와 안무를 펼친다는 게 참으로 힘든 일일 텐데 아이돌 스타들은 전혀 떨림이 없다. 오히려 흥에 겨워 더 열정으로 가득한 무대를 선보인다. 대단하다. 이들조차 떨지 않을 정도인데, 설마 55년 경력의 거장 패티김이 무대에서 약한 모습을 보이겠는가. 하지만 나는 그녀의 낯선 모습을 보았다. 정체 모를 떨림이 그녀를 감싸고 있었다. 우리의 예상을 뛰어넘은 5만 관중이 뉴오버팩 공원에 모였기 때문일까. 〈뉴욕코리아 페스티벌〉의 공연은 오후 7시인데, 3시가 되자 이미 공원은 사람들의 행렬로 가득 찼다. 한국인, 미국인, 남아메리카와 캐나다인까지 K팝을 보고 듣기 위해 이곳에 모였다. 전율이 느껴진다. 그래서 그녀도 떠는 것일까.

"이제라도 이런 공연 무대에 설 수 있다니 다행이네."

패티김은 우리보다 먼저 K팝의 세계화를 꿈꾸던 선구자였다. 우리의 동반자다. 공연 시간이 임박하자, 그녀는 다시 원래의 당당한 모습으로 돌아가 최고의 무대를 펼쳤다. 그리고 〈뉴욕코리아 페스티벌〉이 끝나고 넉 달 후인 2012년 2월, 그녀는 돌연 은퇴를 선언한다.


이제 모두가 우리 편이다

어느 순간 초월적 힘이 우리를 이끄는 것 같은 기운을 받을 때가 있다. 인간의 노력보다 훨씬 커다란 힘이 우리를 굽어살피는 기분이라고나 할까. K팝 월드투어를 하는 날엔 항상 그런 기분이 든다.


"이게 무슨 짓입니까? 이 공연은 뉴저지 주의 뜻 깊은 행사이고, 지금은 공연 리허설을 진행 중인데 어떻게 경찰이 우리와 상의도 없이 행사 담당자를 갑자기 데리고 가시면 어떻게 합니까?"

공연 6시간 전 리허설을 하던 도중에 벌어진 일이었다. 미국 경찰이 담당 PD를 갑자기 데리고 가려는 일이 벌어졌다. 공연 준비 중에 한 기자와 실랑이가 있었는데, 그가 경찰에 민원을 넣은 것이다. 미국은 민원이 들어오면 무조건 연행하는 관례가 있다. 결국 내가 담당 PD를 대신

해서 경찰서로 가겠다고 나섰다. 1년을 준비했는데 막상 공연은 방송으로 봐야 할 상황이구나 하며 한탄하는데 다행히도 뉴오버팩 공원관리국이 기자와 경찰에게 항의를 해줘서 무난히 해결될 수 있었다. 뒤늦게 안 사실이지만 그날 뉴오버팩 공원관리국에는 엄청난 민원과 문의 전화가 쏟아졌다고 한다. 생각보다 조용한 도시인 뉴저지에 상당히 많은 인원이 운집했기 때문이다. "갑자기 이게 무슨 일인가요? 너무 시끄러워요."라는 민원과 "얼마나 대단한 공연인지 저도 보고 싶은데 자리는 있나요?"라는 상반된 전화가 걸려왔다는 것이다. 하지만 고맙게도 공원관리국은 그 모든 민원과 문의 전화를 아무 문제가 없도록 잘 처리해줬다.


"탐, 이게 얼마짜리인데 그냥 깔라는 거야?"

해외에서 공연을 하면 무조건 추가 비용이 든다. 케이블 선을 조금만 이동해도, 카메라와 음향장비를 잠시만 조정해도 추가 비용을 지불해야 한다. 하지만 AMV의 부사장 탐은 직원들의 반대에도 개의치 않고 모든 것을 무조건 우리가 원하는 대로 무료로 허락해줬다. 도저히 상상할 수 없는 일이다.

"우리는 프로잖아. 프로는 돈 따위에 굴복하지 않아."

점차 현지 스태프들도 K팝의 팬이 되어갔다. K팝 월드투어 과정에서는 항상 그런 기분이 들었다. 훗날 2012년 2월의 〈뮤직뱅크 인 파리〉에서도 비슷한 일이 벌어졌다. 공연법상의 문제로 일정이 지연되자 세트 설치를 할 수 있는 기간이 이틀밖에 남지 않게 됐다. 걱정이 앞섰다. 국내 공연도 나흘 걸리는 일을 해외에서 이틀 만에 해야 하다니. 프랑스에서는 노조의 힘이 강해서 스태프들이 추가 근무를 하면 비용도 많이 소요되고, 게다가 그들은 추가근무 자체를 거부하는 일이 많다. 하지만 〈뮤직뱅크 인 파리〉의 스태프들은 추가 인건비도 요구하지 않고 철야로 무대 세트를 설치해주는 게 아닌가. 공연 당일에 우리보다 먼저 출근해서 무대 준비를 하고 있을 정도였다. 이것이 K팝의 위력인가?

전 세계가 우리를 주목한다

팝의 역사에서 가장 기념비적인 공연이라면 누구라도 〈우드스탁 Woodstock〉을 꼽을 것이다. 1969년 8월 15일부터 3일간 뉴욕의 전원도시인 베델 평원에서 지미 헨드릭스Jimi Hendrix, 산타나Santana, 조 카커 Joe Cocker 등 당대 최고의 뮤지션들이 참여한 이 공연은 가히 혁명적인 사건이었고 지금도 야외콘서트의 아이콘으로 거론된다. 이후의 모든 음악인들은 제2의, 제3의 우드스탁을 꿈꾼다. 우리나라 음악인들도 마찬가지다. 매년 경기도 이천에서 진행되는 〈지산록 페스티벌〉과 인천광역시에서 주최하는 〈펜타포트락 페스티벌〉이 그런 바람에서 펼쳐진다. 나도 잠시 국내에서 음악축제를 기획한 적이 있다.

'이미 많은 음악 축제가 있는데 왜 이 프로그램을 진행해야 하지?'

실행에 앞서 우리는 '왜' 하는지를 고민해야 한다. 이유를 찾지 못한 채로 실행에 나서면 안 된다. 자신이 찾지 못한 의미를 대중에게 강요할 수는 없기 때문이다. 아쉽게도 나는 왜 음악축제를 해야 하는지 해답을 찾지 못했고 그 기획을 접고 말았다. 하지만 그 과정에서 오래전부터 구상했던 한 편의 아이디어를 다시 떠올리게 됐다.

'K팝으로 해외에서 대형 음악축제를 연다면?'

전 세계를 대상으로 펼쳐지는 〈K팝 월드투어〉는 당시까지 존재하지 않았다. 왜 해야 하는지가 분명한 일이었다.

"21세기 '우드스탁' 공연을 보는 것 같아요."

거대한 크기의 LED 화면(가로 18m에 세로 12m다) 앞에서 미국 현지 카메라 감독인 빈센트가 환호성을 쳤다. 그는 오랜 경력의 베테랑 스태프며, 지독한 음악광이다. 하지만 자신이 담당했던 그 어떤 공연보다 〈뉴욕코리아 페스티벌〉이 대단하다고 했다. 무대 위에서 바라보니 5만 명의 관중이 K팝에 맞춰 자신들만의 축제를 즐기고 있었다. 그뿐이 아니다. 뉴저지 뉴오버팩 공원에서 빠져나오는 고속도로가 공연 후 완전히 마비됐다. 보통 1시간 정도 소요되던 시간이 2~3시간 걸린 것이다. 공연 후 3~4대면 충분한 청소 차량도 20대나 출동했다. K팝 스타들이 묵었던 호텔은 물론이고 주변 숙박업소마저 모두 손님으로 들어찼다.

"미국은 보통 티켓 가격을 10만 원으로 계산합니다. 그런데 5만 명이 모였으니 이 공연만 경제적으로 계산해도 50억 원의 가치를 지니고 있는 겁니다. 기타 부대비용까지 계산하면 천문학적인 수치가 되겠는데요."

〈뉴욕코리아 페스티벌〉을 지켜본 경제연구원이 해준 말이다. 실제로도

K팝 스타들의 공연은 부가 상품 매출이 전체 매출의 30~50%에 이른다. 그동안 상상으로만 가능했던 문화 콘텐츠 플랫폼의 가치가 드디어 구체화된 것이다. 이를 증명하듯 10월 23일 뉴욕 매디슨스퀘어 가든에서 진행된 〈2011 SM타운 라이브 인 뉴욕〉 공연은 1만 5,000여 명의 현지 관객이 참여해 단 1회의 공연만으로 30억 원의 수익을 올렸다고 한다.

"이제 전 세계가 K팝을 주목합니다."

일찍부터 소녀시대의 팬이었던 뉴욕주립대 스탠리 총장은 〈뉴욕코리아 페스티벌〉 공연 후에 아예 K팝의 전도사로 자처하고 나섰다. 이제 K팝은 전 세계가 주목하는 최고의 콘텐츠가 됐다. K팝은 이제 '다른' 음악이 아니라 '특별한' 음악으로 전 세계 팬들을 사로잡고 있는 것이다.

K팝은 특별한 콘텐츠이자 플랫폼이다

부인하면 안 되는 사실이고, 인정할 수밖에 없는 현실이다. K팝은 이제 문화를 넘어 사회적인 면에서도, 경제적인 면에서도 엄청난 파급력을 갖추었다. 'Dancing Queen', 'I Have A Dream', 'Mamma Mia' 등의 음악으로 유명한 그룹 아바ABBA는 한때 그들의 수입이 자동차 회사 볼보Volvo에 이어 스웨덴 내에서 2위였을 정도로 대단했는데, 이제 곧 K팝도 그 수준에 오르리라고 예상해본다. K팝은 아직 정점 근처에도 도달하지 못했다. K팝의 활약은 한국 콘텐츠 플랫폼의 담대한 좌표가 될 것이고, 끊임없이 기회를 확장시키는 역할을 담당할 것임에 분명하다. 적어도 나는 그렇게 믿는다. 이제 K팝이란 콘텐츠만으로 그 어떤 플랫폼도 흥행시킬 수 있는 시대가 된 것이다.

바칼로레아 3일 전인 2012년 2월 8일에 진행된 〈뮤직뱅크 인 파리〉도 대단했다. 객석을 채우지 못할 거란 예측과 달리 1만여 석의 베르시 스타디움이 유럽 전역에서 온 K팝 팬들로 꽉 들어찼다. 공연 날 기온이 영하 8도였음을 생각한다면 기적과도 같은 일이라 할 수 있다. 우리를 고생시켰던 카람바 측은 우리에게 정중히 사과하며 다음 공연도 함께하자고 제의해왔다.

프랑스 언론에서도 대단한 관심을 보였다. 캬날플뤼Canal+, 파리마치 Paris-Match 등에서 취재가 이어졌고, 소녀시대는 직접 TV 프로그램에 출연하기도 했다. 그리고 기자회견장에는 54개의 현지 언론 매체가 찾아왔다.

"모든 면에서 신선합니다. K팝은 프랑스 젊은이들에게 미국 문화 일색이었던 분위기 속에서 색다른 것을 꿈꾸게 할 것입니다."

프랑스의 유력 방송매체인 프랑스24의 기자 아드리안은 K팝이 일종의 문화혁명이라고 사회학적으로 분석했다. 프랑스는 원래 문화적 자존심이 상당히 강한 나라다. 그럼에도 K팝은 그들의 자존심을 넘어서는 열광을 이끌어냈다. 미테랑 정부 시절에 문화부 장관직을 맡으면서 외규장각 반환 때 많은 도움을 주었던 자크 랑Jack Lang 하원의원도 공연이 끝난 후 많은 박수를 보내줬다.

히든 트랙 : K팝 월드투어

"이 음식 주문한 적 없는데요?"

우리는 파리 공연을 마친 다음날 바로 귀국해야 했다. 공연을 진행한 이경윤 PD를 비롯한 수많은 한국인 스태프에게는 미안한 일이지만 공연이 끝난 뒤의 감격을 오래 지닐 여유가 없었다. 가야 할 길은 아직 멀다. 최대한 한국에 빨리 돌아가서 우리가 느낀 감동을 대중과 나누어야 한다. 우리의 역할은 그것이다. 그래서 파리에서의 마지막 식사를 위해 교민이 운영하는 식당에 갔는데, 우리가 주문하지도 않은 음식들이 연이어 나오는 것이었다.

"베르시 스타디움에서 공연하신 분들이네요. 교민들 사이에서도 공연이 계속 화제예요. 프랑스인들도 한국은 대단한 나라라고 치켜세워줄 정도니까요. 우리가 뭐 좀 도와드렸어야 하는데 하나도 못 했어요. 그래도 이렇게 식사라도 대접할 수 있게 돼서 참 다행이네요."

돌아보면 참으로 힘든 시간인데, 그리고 앞으로도 계속 어려운 과정이 이어질 텐데, 한 교민이 건네준 음식 하나에 우리는 또다시 희망이 확장되는 순간을 맞았다. 하지만 아직 우리는 박수를 받을 단계가 아니다. 아직 우리는 세상의 누군가를 위해 더 많은 박수를 쳐줘야 할 책임이 있다. 작은 식사조차 우리에게는 과분한 칭찬이자 분수에 어울리지 않는 박수다. 대접은 우리가 해야 한다. 세상에게, 수많은 대중에게.

# 내 인생의 모든 주인공들에게 전한다

"뭐, 특별하게 해주실 조언은 없으세요?"

2012년 10월, 추석 연휴를 보낸 지 며칠 안 된 시점이다. 김충 PD가 찾아와 내게 묻는다. 그는 이제 11월 2일에 있을 〈뮤직뱅크 인 칠레〉의 사전답사를 위해 칠레로 가야 한다. 그동안 최선을 다해 달려온 그에게, 그리고 앞으로도 더욱 전력투구할 후배에게 칭찬이라도 들려줘야 하는데, 참으로 쉽지 않다. 나는 간혹 칭찬에 주저하는 나를 발견한다. 걱정과 두려움이 앞서는 사람이라서 그런가 보다. 그래서 영화감독 우디 앨런Woody Allen의 말에 공감한다.

"운 좋게도 코미디언이 되고 싶었던 어린 시절의 꿈도, 영화를 만들고 싶던 꿈도, 심지어 재즈밴드에서 연주해보고 싶다는 꿈도 모두 다 이루었는데, 그럼에도 왜 난 뭔가를 망친 것만 같죠?"

나는 작은 감동의 순간조차 만끽하지 못하고 항상 다음을 고민하고, 걱정한다. 칭찬받는 상황을 즐기지 못하고, 칭찬하는 역할을 할 때도 매번 부족함을 느낀다. 그래서 매번 동료들에게 미안한 마음을 갖고 있다. 그런 나와 함께하는, 그리고 또다시 고생길로 들어서는 김충 PD를 보니 K팝 월드 투어에 함께한 여러 동료들의 모습이 슬라이드 화면처럼 이어진다.

"베트남 현지 대사관의 1년치 성과에 맞먹는 효과다!"

베트남 주재 하찬호 한국대사가 하노이에서 진행한 〈베트남코리아 페스티벌〉을 마치고 극찬한 말이다. 공연 이후 양국의 외교관계는 그 정도로 돈독해졌고, 베트남 내에서 한국의 인지도도 높아졌다. 책임자인 권경일 PD의 철저한 현장 준비가 없었다면 만족할 만한 성과를 거두지 못했을 것이다. 〈베트남코리아 페스티벌〉 역시 준비 과정에서 많은 어려움이 있었다. 다른 부분은 차치하더라도 가장 우리를 당황케 했던 것은, 베트남 현지 가수들이 리허설을 안 한다는 점이다. 미리 리허설 시간을 반복해서 통보해줬음에도 그들은 시간 내에 나타나지 않았다. K팝 스타들은 한 번의 공연을 위해 네 차례의 리허설을 살벌하게 진행하는데도 말이다. 당황하는 우리 곁에서 유독 권경일 PD만이 여유가 넘쳤다. 사전에 홀로 하노이의 공연장을 수십 일 동안 찾아다니며 베트남 가수들의 성향을 미리 파악했고, 미리 공연에 지장이 안 되도록 사전 조율을 다 마쳤기 때문이다.

유호진 PD의 얼굴도 떠오른다. 파리와 하노이, 홍콩 공연에서 조연출을 담당하면서 갖은 고생을 다한 친구다. 최종 방송은 언제나 그의 손을 거쳐 편집됐다. 〈뮤직뱅크 인 파리〉에서 있었던 다소 유쾌한 해프닝이 기억에 남는다. 티아라의 멤버 함은정이 다리 부상을 당해 그가 대신 리허설에 섰던 일이다. 그 장면이 국내 기자들의 사진에 찍혀서 언론에도 보도가 됐다. 그래서 한동안 우리는 그를 두고 "티아라가 아닌 치아라다!"라며 놀려댔다.

〈뮤직뱅크 인 홍콩〉의 현지인 스태프 중 한 명은 영화 〈최가박당〉의 주인공인 증지위의 딸이었다. 그녀는 대단한 여장부다. 공연을 준비하는 동안에는 관우, 장비 저리가라 할 정도의 카리스마를 뽐냈다. 하지만 공연을 마치고는 감격에 겨워 어린아이처럼 이경윤 PD를 얼싸안고는 이렇게 외쳤다.

"아! 당신들과 다시 한 번 더 공연을 진행하고 싶다!"

그리고 요즘 나만 보면 '다시 죽을 각오로 일할' K팝 투어 현장을 요청하는 박태호 PD의 친근한 얼굴도 기억에 남는다. 그런 박태호 PD에게 매번 "이제 후배들에게 좀 물려주자."라고 다독이지만, 사실 나도 또 한 번 그와 함께 꿈을 향해 맹렬하게 돌진하고 싶다. •

무대에서는 누가 뭐라고 해도 K팝 스타들이 주인공이다. 가장 빛나는 별이고 가장 찬란한 태양임에 분명하다. 하지만 내 눈에는 무대 밖 사람들이 더 빛나 보인다. 무대 밖과 뒤에서 인종과 문화를 넘어 최선을 다해 음악과 공연을 준비했던 많은 사람들이 있었기에, K팝 스타들도 세계라는 무대에서 날개를 펄럭이는 게 아닐까. 그래서 이 책을 통해 그들과 함께한 추억을 반드시 기록하고 싶었다. 이 기록은 내가 오랜 시간 가져왔던 꿈의 이력서다. 내 꿈의 이력서에는 절대 내가 주인공이 될 수 없다. 오랜 시간 같은 꿈을 꾸었던, K팝을 진두지휘했던 모든 뮤지션들과 음악, 방송 관계자들이 나를 대신해서 내 꿈의 주인공으로 살아간다. 나에게는 그들이 영원한 스타이자 아이돌이기 때문이다.

문득 칠레로 떠나는 김충 PD에게 오랜 속마음을 이야기하고 싶어졌다. 그에게만이 아니라 나의 모든 후배들에게 전해주고 싶은 말이다. 조금 늦었는지 모르겠지만.

걱정과 두려움은 내 몫이다. 그들이 마음껏 꿈을 향해 질주할 수 있도록 내가 더 노력하면 된다. 후배만이 선배에게 배우는 건 아니다. 선배도 후배들의 어깨 너머로 꿈을 학습한다. 진필홍 선배도 그러지 않았던가. 내가 처음 생방송을 연출한 뒤, 많은 실수로 고개조차 들지 못한 상황에서 그가 해준 말을 이제는 후배들에게 전해줄 차례가 된 것 같다. 사실이 메시지는 오랜 시간 나에게 꿈의 기원이었다. 이 말을 우선 국장실 문을 나서는 김충 PD의 뒷모습에게 전한다. 그리고 다른 모든 후배들에게는 이 책을 통해 들려주고 싶다. 민망해서 그러니 이해해주기 바란다.

"너희도 나를 보며 많은 걸 배우고 있겠지만, 선배인 나도 너희를 통해 매번 배우고 있다. 너희가 가진 열정이 부럽고, 그리고 그 열정들이 매번 나를 또 다른 꿈으로 인도하고 있다."

---

• 박태호 PD는 2012년 12월 28일부로 편성센터장이 된 나의 뒤를 이어 예능국장으로 취임했다.

꿈의 기원

# 모든 콘텐츠는 한 사람의
# 역사와 연결된다

1998년 WBA 타이틀전에서 마이크 타이슨Mike Tyson은 전성기를 훌쩍 지난 몸으로 복귀 경기를 하다 상대 선수의 귀를 물어뜯고 만다. 노장의 몸부림이자, 한 편의 해프닝이다. 중요한 건 이 광경을 지켜본 태평양 건너 한 사람의 인생이다.

"상대팀의 귀를 물어뜯은 마이크 타이슨 경기를 보다가 불현듯 글이 쓰고 싶어졌다."

《죽은 왕녀를 위한 파반느》, 《삼미 슈퍼스타즈의 마지막 팬클럽》의 소설가 박민규는 평범한 회사 생활을 하다가 마이크 타이슨의 처절한 모습을 보고 소설가가 되기로 결심한다. 하나의 콘텐츠는 이렇게 누군가의 인생을 변화시키는 커다란 계기가 된다.

콘텐츠는 대중의 삶만 변화시키는 게 아니다. 제작하는 사람의 역사도 변화시킨다. 콘텐츠를 제작하는 과정은 감동의 연속이다. 피아니스트 김대진은 자신이 음악을 하는 이유에 대해 다음과 같이 말한다.

"어떤 대상을 놓고 감명을 받고 느끼는 것이 아니라 자기 자신에 대해서 감명을 받고 자기 자신이 갖고 있던 느낌에 대해 다시 한 번 느끼게 해주는 것 같다."

음악을 하는 이유는 자신의 삶에 감명을 주기 때문이라는 거다. 마찬가지로 배우 오달수도 "사는 것 자체가 깨닫는 과정이듯이 연기도 각覺하는 과정이다."라고 말한 적이 있다. 콘텐츠는 수용하는 대중의 삶에만 변화를 가져오는 게 아니라, 제작하는 우리의 인생에도 하나의 역사를 만드는 것이다.

이 책을 쓰는 과정은 무엇보다 내 인생의 역사를 일거에 바꾸는 시간이 됐다. 나의 지난 인생에서 책이라는 콘텐츠는 '읽는' 수단이었지, '쓰는' 도구가 아니었다. 한 번도 꿈꿔보지 못한 역사임에 분명하다. 원고를 집필하는 과정은 부단한 좌절의 반복이었다. 김정운 교수의 멋들어진 문체를 모방하고 싶었고, 이어령 교수의 진중한 글쓰기 앞에서 천재 모차르트Wolfgang Amadeus Mozart를 향한 살리에르Antonio Salieri의 마음을 읽곤 했다. 그러다 문득 영화 〈파인딩 포레스터Finding Forrester〉에 나오는 "아니 생각은 하지 마, 생각은 나중에 해. 우선 가슴으로 초안을 쓰고 머리로 다시 쓰는 거지."라는 말을 떠올리며 계산되지 않은 가슴의 손끝으로 원고를 쓰기 시작했다. 처음에는 대단히 힘들었지만 집필하다 보니 묘한 쾌감도 맛볼 수 있었다. 내가 경외하던 위대한 사람들의 생각을 정리하다 보니, 마치 그들의 철학을 내 온몸의 세포 안에 각인시킨 것 같은 착각이 들어서다.

그러다 우연히 한 대형 서점에 가게 됐다. 언젠가는 저 서점의 매대 위에 나의 이름이 걸린 책이 놓이겠지 하는 생각에 흥분을 느꼈다. 방송이 아닌 책이라는 콘텐츠로 대중과 교감할 생각을 하니 온몸이 짜릿해졌다. 그런데 한 서가에서 내 또래 중년 남성을 보게 됐다. 그는 이리저리 책을 꼼꼼히 살피더니 열 권 이상의 책을 가슴에 안았다. 저 사람이 내 책의 독자가 됐으면 하는 바람에 자세히 살펴보니 손가락 두 개가 절단된 오른손이 눈에 들어왔다. 세 개의 손가락으로 책 한 페이지를 지나칠 정도로 꼼꼼하게 살피고 있었다. 그러다 확신이 들면 장바구니에 담듯 한 페이지를 자신의 가슴팍에 꽂아 넣었다.

그를 만난 이후 나는 다시 한 번 번뇌에 휩싸였다. 책은 한 사람의 인생에서 엄청난 역할을 하는데, 과연 내가 집필한 책이 누군가의 인생에 역사적 계기를 만들어줄 수 있는 원고인지 의심스러웠다. 그리고 문득 신문을 읽다가 메모해둔 광고인 박웅현의 말이 계속 귓가에 들려왔다.

"나에게 공부란, 책이란 비포before, 애프터after를 나누는 것이다. 그 책을 읽기 전의 박웅현과 읽고 나서의 박웅현은 다르다."

역사는 이전과 이후로 나뉜다. 모든 콘텐츠 플랫폼은 이전과 이후의 역사를 만드는 커다란 계기다. 그리고 책은 사람에게 선물하는 가장 오래된 콘텐츠이자 최고의 플랫폼이다. 부족한 내가 이런 위대한 영역에 발을 담그는 게 옳은 일인지 한참을 고민했다. 그러다가 본문에도 언급했던 하나의 가르침을 깨달았다.

세상의 모든 저자는 위대하다. 하지만 독자보다 위대할 수는 없다.

우리에게 가장 중요한 자세는 이것이다. 콘텐츠를 제작하는 우리보다 향유하는 대중이 더 위대한 대상임을 명확하게 인지하고 시작해야 한다. 그럼에도 이 책을 통해 독자들의 인생이 변화되는 일은 아마도 없을 것이다. 그러기에는 이 콘텐츠가 너무도 부족하다. 하지만 분명한 건 이 원고를 집필하는 과정에서 내 인생의 역사가 바뀌게 됐다는 사실이다. 서점에서 만난 중년 남성이 준 감동과 번뇌의 시간을 거치면서도 이 원고를 마무리할 수 있었던 힘은 크게 두 가지다. 내가 조금은 더 나은 사람이 된 것 같다는 일말의 희망과 원고를 완성하면 다시 위대한 독자로 돌아갈 수 있을 거라는 기대감이 그것이다. 책을 마치며 나는 다시 위대한 독자로 복귀할 꿈에 부풀어 있다. 내가 배운 모든 비즈니스 철학이 이 책에 담겨 있으니 후회는 없다. 시간이 지나면 조금의 후회가 생길지도 모르지만, 그 후회는 내 본연의 비즈니스에서 보완하기로 하겠다.

모든 비즈니스는 한 사람의 역사에서 시작된다. 이는 대중뿐만이 아니라 우리 같은 콘텐츠 플랫포머에게도 적용되는 사실이다.

언제나 나의 힘이 되어준 가족에게 감사하며,
오늘도 콘텐츠 개발에 열정을 다하는 이들에게 이 책을 전합니다.

· 저자 소개 ·

전진국 K팝을 전 세계로 확산시킨 한류 열풍의 주역. 대박 콘텐츠를 진두지휘하는 명실상부한 대한민국 최초이자 최고의 콘텐츠 플랫포머. 이미 그의 진가는 미국 뉴욕에서 프랑스 파리, 베트남 하노이, 일본 도쿄, 홍콩, 칠레까지 전 세계 20여만 명의 음악팬들을 사로잡은 〈K팝 월드투어〉로 증명됐다. 그 외에도 〈1박2일〉, 〈불후의 명곡〉, 〈개그콘서트〉, 〈대국민 토크쇼! 안녕하세요〉까지 그를 거쳐 간 콘텐츠마다 대히트를 거두었다.

오랜 시간 모든 방송인과 뮤지션들의 숨겨진 멘토로 활동한 그는 고려대 영문과를 졸업하고, 1985년 KBS에 입사하여 〈지구촌 영상음악〉, 〈젊음의 행진〉, 〈가요톱10〉, 〈사랑의 리퀘스트〉, 〈열린음악회〉 등에서 내공을 키웠다. 방송계에서 가장 어려운 분야로 평가받는 생방송 전문 PD로도 유명하여 여러 시상식과 대형 이벤트 공연을 담당하였고, 2002년에는 공중파 방송국 3사를 대표하여 〈2002 월드컵 성공 국민대축제〉를 지휘했다.

예능 PD 시절부터 저자는 비즈니스적인 관점에서 콘텐츠를 고민해왔다. 2010년부터 2012년까지 KBS 예능국장으로 일하면서 그런 자신의 신념을 KBS의 모든 예능 콘텐츠에 적용했으며, 〈K팝 월드투어〉까지 탄생시켰다. 2013년부터는 KBS 편성센터장을 맡고 있다.

대한민국 콘텐츠 비즈니스의 전성기를 주도한 그는 《콘텐츠로 세상을 지배하라》를 통해 자신이 경험하고 터득한 모든 내공을 아낌없이 독자들에게 공개한다. 바야흐로 21세기는 생각이 최고의 부가가치인 시대, 콘텐츠가 권력인 시대다. 이 책은 콘텐츠가 어떻게 비즈니스가 되는지에 대해 질문하는 독자들에게 분명한 해답을 제시해줄 것이다.

—————————— 전진국은 최적의 시기에 최고의 플랫폼을
스스로 만드는 콘텐츠 플랫포머다.
〈주간조선〉

—————————— 시청자가 화면을 통해 나를 바라볼 때,
내 시선은 이 사람을 향한다.
신동엽, 방송인

—방송 콘텐츠에 비즈니스를 도입한 1세대 프로듀서다.
윤석호 PD, 〈겨울연가〉

————그는 내가 아는 가장 가슴 따뜻한 크리에이터다.
서수민 PD, 〈개그콘서트〉

이번 기회를 잡지 못해도
다음 기회는 분명히 온다.
그러나 이번 기회에 치열하지 못하면,
다음 기회 역시 그냥 지나치게 될 것이다.

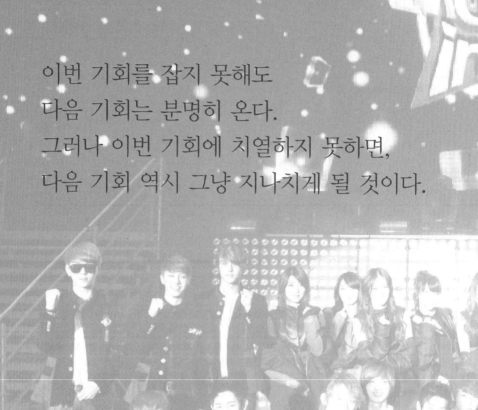

· 참고문헌 ·

## 들어가는 글

1  실리어 블루 존슨 《그렇게 한 편의 소설이 되었다》 2012, pp.14~21.

2  이신영 내일의 비전? 불황기엔 쓸모없다 〈조선일보 위클리비즈〉 2012.10.6.

3  이진우·김효성 한국 5년 안에 일본 앞지를 것 〈LUXMEN〉 2012.10.

4  김현민 기업인에게도 스토리는 중요하다 〈무비위크〉 547호.


## 인트로

1  장영엽 심장을 뛰게 하는 '미친 짓'을 저질러 보고 싶다 〈씨네21〉 863호.

2  정철환 아이디오의 디자인 컨설팅 다섯 단계 〈조선일보 위클리비즈〉 2010.7.3.

3  홍성태 《모든 비즈니스는 브랜딩이다》 2012 p.9.


## 첫 번째 트랙

1  이석호 새가 아닌 벌레의 시각을 직원들이 가져야 적응력 있는 기업 돼 〈조선일보 위클리비즈〉
   2012.1.6.

2  문석 김혜자 선생의 의외성을 보여주겠다 〈씨네21〉 653호.

3  이인묵 심사숙고형 현자의 시대 갔다… 지금 필요한 CEO는 소통의 달인 〈조선일보 위클리비즈〉
   2012.12.1.

4  이지훈 《혼창통》 2010 p.164.

5  정선언 쓰레기라는 독설도 받아들이는 게 미국 SW 발전 원동력 〈중앙일보〉 2012.10.17.

6  이정명 《뿌리 깊은 나무 2권》 2006 p.73.

7  송길영 《여기에 당신의 욕망이 보인다》 2012 p.213.

8  이필재 영혼을 팔아서라도 회사 살리고 싶었다 〈포브스 코리아〉 2012.9.

9  이지훈 모난 사람이 더 뛰어나다 삐져나온 못은 더 삐져나오게 하라 〈조선일보 위클리비즈〉
   2010.1.9.

10  주성철 대배우와 작업하니 황홀했지만, 결국엔 한국과 똑같이 지지고 볶고… 〈씨네21〉 886호

11  김선하·박종근 '글렌피딕 50년' 만든 선조들 자신들이 덕 보려 했겠나 〈중앙일보〉 2011.10.15.

**두 번째 트랙**

1 박현영 창의성 키우려면 나를 귀찮게 하는 것을 떠올려라 〈중앙일보〉 2012.10.10.

2 강명석 안 하면 안 했지, 있던 공식대로는 절대 안 한다 〈10아시아〉 2010.7.29.

3 데이브 스튜어트·마크 시몬스 《비즈니스 플레이 그라운드》 2011 p.211.

4 최종일 《집요한 상상》 2012 p.208.

5 김호상 《K-POP의 해외진출 성공전략에 관한 연구》 p.66.

6 이지훈 이수만 SM엔터테인먼트 회장 문화산업 비법은? 〈조선일보 위클리비즈〉 2011.10.15.

7 이지훈 당신은 침팬지와 고슴도치를 키우고 있는가 〈조선일보 위클리비즈〉 2010.10.2.

8 조민준 《7인의 PD 드라마를 말하다》 2012 p.206.

9 김성회 《강한리더》 2011 p.330.

10 금원섭 뉴욕 최고의 세탁소는 어떻게 성공했나_소셜 비즈니스 전도사 샌디카터 IBM 부사장 〈조선일보 위클리비즈〉 2011.9.23.

11 김주완 김상헌 NHN 사장, 자다가도 벌떡 일어나 메모하는 '워커홀릭' 〈한국경제〉 2011.11.22.

12 김상근 《르네상스 창조경영》 2008 p.51.

**세 번째 트랙**

1 박웅현 《책은 도끼다》 2011 p.43.

2 김성근 《꼴지를 일등으로》 2009 p.14.

3 김현수 빈둥거려야 혁신적 아이디어가 나온다 〈동아일보〉 2011.10.18.

4 김강한 애플 위협하는 '중국판 아이폰' 〈조선일보 위클리비즈〉 2012.10.31.

5 최인수 《창의성의 발견》 2011 p.118.

6 스티븐 킹 《유혹하는 글쓰기》 p.201.

7 박수찬 '쿵푸팬더2' 감독, 한국계 제니퍼 여 넬슨 〈조선일보 위클리비즈〉 2011.4.23.

8 고현정·김혜리 계획이 어그러질 때 심장이 짜릿짜릿해요 〈씨네21〉 860호.

9 삼성경제연구소 《소림사에서 쿵푸만 배우란 법은 없다》 2011 p.57.

10 조혜경 《기적의 유치원》 2012 pp.121~122.

11 금원섭 스마트폰 광고시장이 황금의 신천지다 〈조선일보 위클리비즈〉 2011.11.5.

12 이인묵·이신영 구글·페이스북의 금맥을 찾은 여인 〈조선일보 위클리비즈〉 2012.9.15.

13 김영결 《소크라테스와 CRM》 2011 pp.88~92.

14 강신장 《오리진이 되라》 2010 p.194.

15 존 마에다 《단순함의 법칙》 2006 p.153.

16 장일현 고객의 습관을 바꾸는 기업이 승자가 된다 〈조선일보 위클리비즈〉 2012.11.17.

17 이신영 전략적 영업·스피드 경영으로 '무인양품' 부활 이끈 마쓰이 회장 〈조선일보 위클리비즈〉 2012.7.6.

18 이지훈 《현대카드 이야기》 2012 p.211.

---

**네 번째 트랙**

1 김정운 김정운의 에디톨로지 창조는 편집이다 〈중앙선데이〉 227호.

2 박종세 애플·도요타·삼성전자가 고객… '세계 디자인의 심장' 아이디오(IDEO)를 가다 〈조선일보 위클리비즈〉 2010.7.3.

3 한은구 '심리 조련사' 조수경 소장 "나만의 '스윙 루틴' 만들어야 멘탈 강해져" 〈한국경제〉 2012.9.25.

4 조윤범 《조윤범의 파워클래식》 2008 p.208.

5 이동진 김지운, '도대체'와 '그럼에도'의 사이에서 〈이동진닷컴〉 2008.7.25.

6 홍성태 《모든 비즈니스는 브랜딩이다》 2012 p.172.

7 지승호 《감독, 열정을 말하다》 2006 p.113.

8 김미경 세상 바꾸는 데 15분이면 충분! 사람과 콘텐츠 연결 더 나은 세상 만드는 굿 네트워커 〈주간조선〉 2012.7.9.

9 김호상 《K-POP의 해외진출 성공전략에 관한 연구》 p.51.

10 탁상훈 '톡톡' 튀며 김범수가 돌아왔다 〈조선일보 위클리비즈〉 2011.2.6.

11 이지훈 '개혁의 칼' 잡은 노무라홀딩스 와타나베 CEO 〈조선일보 위클리비즈〉 2010.10.23.

12 신수정 1990년대 콘텐츠 속에 숨은 니즈 파악하고 드라마에 예능을 버무려 공감을 얻다 〈DBR〉 2012.12.

13 조국 《조국의 만남》 2013 p.127.

14 최인철 《프레임》 2007 p.206.

15 스튜어트 다이아몬드 《어떻게 원하는 것을 얻는가》 2012 p.91.

16 이인묵·이신영 구글·페이스북의 금맥을 찾은 여인 〈조선일보 위클리비즈〉 2012.9.15.

다섯 번째 트랙

1 신동엽 게으른 강자를 위한 축배는 없다 〈동아일보〉 2010.3.4.

2 주성철 강우석의 힘 〈씨네21〉 899호.

3 나심 니콜라스 탈레브 《블랙 스완》 2008 pp.97~101.

4 강경희 모두가 망할 때 우뚝 섰다 "성공 비결은 처절한 실패" 〈조선일보 위클리비즈〉 2010.3.27.

5 류랑도 《일을 했으면 성과를 내라》 2009 p.105.

6 최보윤 패션계 뒤흔든 보정 속옷 '스팽스'의 CEO 사라 블레이클리 〈조선일보 위클리비즈〉 2012.4.28.

7 스튜어트 다이아몬드 《어떻게 원하는 것을 얻는가》 2012 p.37.

8 이지훈 《혼창통》 2010 p.190.

9 우노 다카시 《장사의 신》 2012 p.10.

10 박수찬 날개 없는 선풍기에서 혁신의 바람이 불었다 〈조선일보 위클리비즈〉 2010.7.17.

11 이영석 《인생에 변명하지 마라》 2012 p.42.

12 장원준 유토피아 같은 회사 '고어텍스' CEO 테리 켈리 〈조선일보 위클리비즈〉 2008.12.27.

13 조민아 외 《우리는 그들을 신화라 부른다》 2012 p.236.

14 전옥표 《이기는 습관》 2007 p.278.

15 이지훈 이수만 SM엔터테인먼트 회장 문화산업 비법은? 〈조선일보 위클리비즈〉 2011.10.15.

16 유병률·이현수·최우영 남들처럼…상식·영어만 매달렸다면 '나이는 숫자에 불과' 카피 나왔을까… 〈머니투데이〉 2011.9.21.

17 신기주 한 방으로 경기 흐름 뒤집는 역전 홈런 타자로 나선다 〈포춘코리아〉 2012.6.

18 김태훈 《랜덤워크》 2010 pp.275~279.

19 송길영 《여기에 당신의 욕망이 보인다》 2012 pp.140~141.

20 이지훈 마케팅의 바이블 '포지셔닝' 이론 창안자 알 리스가 말하는 '1등 되는 마케팅' 〈조선일보 위클리비즈〉 2010.6.26.

21 이석호 전략 전문가 러멜트 교수 〈조선일보 위클리비즈〉 2011.10.28.


※ 히든 트랙과 아웃트로는 생략한다.

## 혼·창·통: 당신은 이 셋을 가졌는가?
이지훈 지음 | 14,000원

세계 최고의 경영대가, CEO들이 말하는 성공의 3가지 道, '혼(魂), 창(創), 통(通)'! 조선일보 위클리비즈 편집장이자 경제학 박사인 저자가 3년간의 심층 취재를 토대로, 대가들의 황금 같은 메시지, 살아 펄떡이는 사례를 본인의 식견과 통찰력으로 풀어냈다. (추천: 삶과 조직 경영에 있어 근원적인 해법을 찾는 모든 사람)

## 모든 비즈니스는 브랜딩이다
홍성태 지음 | 18,000원

브랜딩은 더 이상 마케팅의 전유물이 아니다! 이 책은 살아남은 브랜드와 잊혀져가는 브랜드의 사례를 토대로, 브랜드 컨셉을 어떻게 기업의 문화로, 가치로 녹여낼 수 있는지를 쉽고 친근하게 설명한다. 브랜딩이 단순한 마케팅 기법이 아니라 경영의 핵심임을 일깨워주는 책 (추천 : 마케팅 담당자뿐 아니라 모든 부서의 직원들을 위한 책)

## 오리진이 되라
강신장 지음 | 14,000원

더 나은 것이 아니라, 세상에 없는 것을 만들어라! 창조의 '오리진'이 되어 운명을 바꿔라! CEO들을 창조의 바다로 안내한 SERI CEO, 그 중심에 있던 강신장이 말하는 세상에서 가장 맛있는 창조 이야기. 이제 세상을 다르게 보는 길이 열린다! (추천 : 읽기만 해도 창조의 영감이 솟아오르는 텍스트를 기다려온 모든 이들을 위한 책)

## 장사의 신
우노 다카시 지음 | 김문정 옮김 | 14,000원

장사에도 왕도가 있다! 일본 요식업계의 전설이자 '장사의 신' 우노 다카시. 커피숍의 매니저로 시작해, 200명이 넘는 자신의 직원들을 성공한 이자카야의 사장으로 만든 주인공이다. 부동산에서 가게 입지 선정하는 법, 백발백중 성공하는 메뉴 만드는 법, 올바른 접객 비법까지… 오랜 내공으로 다져진 그의 남다른 '장사의 도'를 낱낱이 전수받는다!

## 이기는 습관1·2
1편 동사형 조직으로 거듭나라 | 전옥표 지음 | 12,000원
2편 평균의 함정을 뛰어넘어라 | 김진동 지음 | 12,000원

'총알 같은 실행력과 귀신같은 전략'으로 뭉친 1등 조직의 비결과 실천적인 지침을 담았다. 1편에서 고객 중심의 실행력과 조직력을 설명한다면, 2편에서는 원칙과 기본기에 충실히 임하여 이기는 기업으로 우뚝 설 수 있는 방법을 제시한다.

## 인생에 변명하지 마라
이영석 지음 | 14,000원

쥐뿔도 없이 시작해 절박함 하나로 대한민국 야채가게를 제패한 '총각네 야채가게' 이영석 대표. '가난하게 태어난 건 죄가 아니지만 가난하게 사는 건 죄다, 똥개로 태어나도 진돗개처럼 살아라, 성공하고 싶다면 먼저 대가를 치러라…' 비록 맨주먹이지만 빌빌대며 살지 않겠다고 다짐한 이들에게 바치는 성공 마인드!

## 답을 내는 조직: 답이 없는 것이 아니라 생각이 없는 것이다
김성호 지음 | 15,000원

《일본전산 이야기》의 저자가 4년 만에 내놓은 후속작. 지금 우리에게 필요한 것은 돈도, 기술도, 자원도 아닌, 기필코 답을 찾겠다는 구성원들의 살아 있는 정신이다. 이 책은 어떻게 하면 답을 찾는 인재가 될 수 있는지 크고 작은 기업들의 사례를 통해 속시원히 밝힌다. (추천 : 잠들었던 의식을 일깨우고 치열함을 되살리고 싶은 모든 이들)

## 현대카드 이야기 : 비즈니스를 발명하는 회사
이지훈 지음 | 16,000원

연회비 200만 원짜리 VVIP 카드, 슈퍼 콘서트, 슈퍼매치, 슈퍼토크… 하는 일마다 세상의 이목을 집중시키며 "카드 회사 맞아?"라는 감탄과 궁금증을 자아내는 독특한 회사, 현대카드. 현대카드의 성공을 가능케 한 그들만의 독특한 기업문화와 일하는 방식을 밝힌다! (추천 : 일과 경영에서 '퍼스트 무버'를 꿈꾸는 이들에게 건네는 살아 있는 교과서)

## 여기에 당신의 욕망이 보인다
송길영 지음 | 15,000원

미래는 현재의 욕망에 이미 존재한다. 욕망을 이해하면 미래를 알 수 있다! 이 책은 트렌드 예측의 핵으로 떠오른 빅 데이터(big data)를 통해 사람들의 욕망을 이해하고 미래에 대비하는 방법을 국내기업의 실제 분석사례 20여 건과 함께 보여준다. (추천 : 고객의 생생한 목소리를 듣고 싶은 기업들, 시장과 사회의 변화 흐름을 읽고자 하는 이들)

## 창의성의 발견
최인수 지음 | 16,000원

'한국적 창의성' 연구의 선두주자 최인수 교수가 밝히는 한국인을 위한 창의성 업그레이드 프로젝트! 창의성에 대한 철저한 분석과 흥미로운 예시로 가득한 이 책은 '한국인의 창의적 지혜'란 무엇인가를 생각해보는 마중물의 역할을 할 것이다. (추천 : 누구나 원하지만, 아무도 알지 못하는 창의성의 본질을 이해하고 적용하려는 이들을 위한 책.)